Wechselnde Pfade, Schatten und Licht (Kanon)
Verfasser von Text und Melodie unbekannt

Wech-seln-de Pfa- de, Schat-ten und Licht,

al- les ist Gna- de, fürch te dich nicht.

Ekkehard Ortmann

Sprache als Wegweiser auf spirituellen Pfaden

☼ Einsichten und Aussichten

Bibliografische Information der Deutschen Nationalbibliothek
Die Deutsche Nationalbibliothek verzeichnet diese Publikation
in der Deutschen Nationalbibliografie;

detaillierte bibliografische Daten sind im Internet abrufbar über
http://dnb.d-nb.de

Weitere Informationen zum Autor unter:

www.der-innere-weg.de
http://fuehrungskompetenz.der-innere-weg.de
www.raum-fuer-wandel.de

Umschlaggestaltung, Satz und Gestaltung:
Ekkehard Ortmann

ISBN 978-3-7357-8838-2

Herstellung und Verlag:
BoD – Books on Demand GmbH
In de Tarpen 42, 22848 Norderstedt
Internet: www.bod.de • E-Mail: info@bod.de

Inhalt

Vorwort

Diese Texte sind als einzelne Beiträge zu verschiedenen Anlässen im Laufe von 26 Jahren entstanden. Auch wenn darin verschiedene Aspekte des Lebens beleuchtet werden, gibt es Überschneidungen und Wiederholung.

Wenn wir nicht umherirren und uns dabei im Kreise drehen wollen, brauchen wir Orientierung. Die ursprüngliche Bedeutung der Wörter gibt uns oft erstaunliche Hinweise. Weisheit erwächst jedoch nur aus der Erfahrung, die ich selber mache, wenn sich mitfühlende Liebe (Herz) und klares Denken (Kopf) vereinigen. Weisheit kann den Weg weisen, weil sie kennt, wonach die Seele sich sehnt: Frieden, Erfüllung und Glückseligkeit. Liebe zur Weisheit (also Philosophie im ursprünglichen Sinn) ist nicht Liebe zur klugen, vielleicht sogar brillianten Hirnakrobatik, sondern zur einfachen, leicht verständlichen Wegweisung.

Auch wenn Weisheit den Weg zeigt, können wir ihn doch nur selbst gehen. Gehen, bis wir an jenen Punkt gelangen, an dem nichts mehr zu tun ist, weil alles getan ist, was wir tun können. Nun können wir uns nur noch fallen lassen – im vollen Vertrauen auf das Leben, auf die Liebe, auf GOTT.

Über die Wirklichkeit

Nehmen wir einmal an, die *eigentliche Wirklichkeit,*

> *also die Wirklichkeit jenseits aller Illusion und Täuschung,*

sei *allumfassend* und *eins,*

> *also ohne Fehl und nicht in vom Ganzen abgetrennte Teile zerstückelt,*

– wir könnten sie *All* nennen oder *Sein* –

und sie sei – wie uns die moderne Physik lehrt – dem menschlichen Auge *unsichtbar,*

– wir könnten sie *Grossen Geist* nennen –

und nehmen wir weiterhin an, sie sei *unbegrenzt* und *multidimensional,*

> *also weder räumlich, noch zeitlich noch auf 3 Dimensionen beschränkt,*

– wir könnten sie *Ewigkeit* nennen –

und sie sei *mit allem ausgestattet,* womit auch wir begabt sind,

> *also mit der Fähigkeit zu fühlen, mit Intelligenz und Bewußtsein,*

– wir könnten sie *Bewusstsein* nennen

und darüber hinaus verfüge sie über *Fähigkeiten, die wir uns nicht träumen lassen,*

– wir könnten sie *Grosses Geheimnis* oder *Mysterium* nennen –

und nehmen wir nun weiter an, sie sei *liebevoll* und *spielerisch*,

– wir könnten sie *Liebe* oder *Göttliche Komödie* nennen –

und sie habe beschlossen, sichtbar zu werden in Raum und Zeit

    also in nur 4 Dimensionen,

aus purer *Lust, sich zu offenbaren und sich selbst zu erkennen.*

Wenn diese – der Annahme gemäß – *unbegrenzte und multidimensionale Wirklichkeit* sich – ebenfalls unserer Annahme gemäß – in der Beschränktheit der Welt von Raum und Zeit zu offenbaren gewillt sei, kann sie ihre Unendlichkeit nur im *ewigen Wandel* der endlichen Formen zum Ausdruck bringen:

Sein manifestiert sich im *Werden.*

Was alles *Werden* antreibt und den Wandel vollbringt und jedem Werk innewohnt,

– könnten wir mit der Wortschöpfung des Sokrates *Energie* nennen –

Nehmen wir weiterhin an, diese *eigentliche Wirklichkeit* stehe in der von ihr erschaffenen menschlichen Gestalt vor dem ebenfalls von ihr erschaffenen Spiegel des mentalen Geistes.

Solange der Spiegel absolut ruhig und still ist wie die Oberfläche eines stillen Sees, sieht sie nur Unendlichkeit widergespiegelt, wenn sie in den Spiegel schaut – begleitet vom Gefühl tiefen Friedens und unbeschreiblicher Glückseligkeit. Der Spiegel des mentalen Geistes, auch als Lichtträger bekannt, erfreut sich an seiner Fähigkeit, Spiegelbilder zu erzeugen: Phänomene, die kommen und gehen, aus dem Zusammenhang gerissene Erscheinungsformen der *eigentlichen Wirklichkeit*, die als Illusionen wirken, weil sie vom Ganzen abgetrennt scheinen, Vorstellungen, die im Dienste des *Werdens* stehen.

Es ist, als ob der Geist Träume erzeuge, die in Raum und Zeit existenziell erfahren werden. Gleichmütig gegenüber dem ewigen Wandel der Phänomene ruht sie in sich: die *eigentliche Wirklichkeit*.

Im Strom der vom mentalen Geist erzeugten Gedanken, Gefühle und Vorstellungen taucht früher oder später auch die Idee auf:

»Ich bin dieser Körper, dieses Gemüt, dieser in der Beschränkung von Raum und Zeit gefangene Geist«.

Sobald wir dieser Idee Glauben schenken, ist es mit der Gemütsruhe vorbei, Existenzangst bemächtigt sich unser; innere Geschäftigkeit (Denken, etwas tun wollen) setzt ein, um zu retten, was zu retten ist – orientierungslos wie bei aufgescheuchten Hühnern.

Alle Vorstellungen, die der von der Angst getriebene mentale Geist nun produziert, verstellen den Blick auf die *eigentliche Wirklichkeit* nur noch mehr.

Wir befinden uns in einem Teufelskreis und sind damit angekommen in der vermeintlichen Wirklichkeit dieser Welt.

„Ruhe bewahren!" ist mehr als nur eine oberflächliche Floskel oder hohle Phrase – es ist das erste Gebot der Vernunft. Nur tiefgründige Ruhe und Stille sind die Quelle, aus der der mentale Geist Gedanken empfangen kann, die uns den Weg nach Hause weisen, zurück zur *eigentlichen Wirklichkeit*.

Oase im Herzen

Vertrauen ist eine Oase im Herzen, die von der Karawane des Denkens nie erreicht wird.

Kahlil Gibran (1883 - 1931)

Die Hüllen als scheinbare Begrenzungen des Unendlichen

Der Göttliche Geist schläft in den Steinen,
atmet in den Pflanzen, träumt in den Tieren
und erwacht im Menschen.

Alte indische Weisheit

Das Tao, das All, das Ganze, das Sein,
die eigentliche Wirklichkeit, die Ewigkeit,
die Gottheit, der Göttliche Geist

»Ich bin alles, was ist«

Selbst, Bewußtsein

»Ich bin ich selbst«

Göttlicher Geist
verkörpert sich in allen Dingen

*»Obschon ich zeitlos und unendlich bin,
offenbare ich mich hier und jetzt in jeder Form«*

Involution: Schöpfung

Evolution: Selbsterkenntnis

Mensch

<table>
<tr><td>

Fühlen
(→ Emotionalkörper)

*»Ich bin weiblich,
ich bin Ruhe,
die in sich ruht;
fühlend erkenne ich,
was zu meinem
Körper gehört:
Alles«*

</td><td>

Denken
(→ Mental-Körper)

*»Ich bin männlich,
ich bin Unruhe
und Bewegung;
ich bin der Träger,
der das Licht des
Bewußtseins hinträgt
und spiegelt, wo es
gewünscht ist«*

</td></tr>
<tr><td>

Bioenergetischer
(Vital)Körper

*»Ich bin blaue Energie,
ich bin zentripetal,
weltabgewandt,
himmelzugewandt,
himmlisch«*

</td><td>

Bioenergetischer
(Vital-)Körper

*»Ich bin rote Energie,
ich bin zentrifugal,
weltzugewandt,
himmelabgewandt,
irdisch«*

</td></tr>
<tr><td>

Physischer Körper
»Ich bin eine Frau«

</td><td>

Physischer Körper
»Ich bin ein Mann«

</td></tr>
</table>

Involution: Schöpfung

Evolution: Selbsterkenntnis

Zur Erläuterung des obigen Schemas

Der etymologische Ursprung des alten chinesischen Begriffes »Tao« ist in den Worten für »Kopf« und für »Gehen« zu finden. Sicherlich waren die Menschen des alten China keine „Kopfmenschen" im heutigen Sinne, also einseitig verstandesorientiert. In allen alten Kulturen war es vielmehr selbstverständlich, daß das bildhafte Denken in Analogien gegenüber dem logisch-rationalen Denken dominierte. In diesem Fall liefert der menschliche Körper (*ein* Kopf, doch *zwei* Beine) das Bild für die Analogie und wird damit zum Symbol. Die Beine, deren Gebrauch dem Gehen, dem Vorwärtskommen, dem Fortschritt dienen, werden zum Symbol für Dualität und für die daraus entstehende Dynamik. Beine und somit auch die Dualität sind unten angesiedelt, der *eine* Kopf – in der deutschen Sprache auch das *Haupt* genannt – ist oben angesiedelt: das *Eine*, das *Bewußtsein* der *Einheit* des *Seins*, in dem alles – also auch die Dualität – enthalten und aufgehoben ist, ist die *Haupt*sache.

In der deutschen Sprache kommt vielleicht der Begriff des *Alls* dem am nächsten, was mit Tao gemeint ist, doch fehlt ihm die Anschaulichkeit, die der Symbolik des Tao zugrunde liegt.

In dem bekannten grafischen Symbol des Tao ist die wellenartige Schwingung der Energie als Schlangenlinie ebenso angedeutet wie die gegenseitige

Ergänzung der beiden Pole. Auch kommt zum Ausdruck, daß jeder Pol immer schon den Keim des Gegenpols in sich trägt. Die auf der Kreislinie verlaufende Rechtsdrehung (im Uhrzeigersinn) führt, sobald sie die Kreislinie verläßt, über die Schlangenlinie zur Linksdrehung im Kreis.[1] Rechtsdrehung umschreibt den Prozeß der Verdichtung von Energie im Sinne der Materialisierung, also *Werden*. Linksdrehung umschreibt hingegen den Prozeß der Auflösung verdichteter Energie im Sinne der Entmaterialisierung, also *Vergehen*. Alles, was entsteht, vergeht auch wieder. Ein durch die Kreismitte verlaufendes Achsenkreuz läßt oberhalb und unterhalb der x-Achse zwei Herzhälften erkennen, die gegenpolar und punktsymmetrisch sind.[1] Da beide Herzhälften zusammen kein geschlossenes ganzes Herz bilden, können sie als Symbol für das offene Herz verstanden werden. Ein offenes Herz für den einen Pol wie auch für seinen Gegenpol. Spiegelung der Schlangenlinie an der y-Achse ergänzt sie zur liegenden Acht, dem Symbol ewigen Wandels als Ausdruck des Unendlichen in der Welt.[1] Und all das ist auf wunderbare Weise aufgehoben in der Vollkommenheit des Kreises.

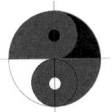  

Indem Gott (oben sind 8 andere von seinen vielen möglichen Namen genannt) sich selbst betrachtet und bewußt erkennt, rückt der Aspekt des *Selbst* und des *Bewußtseins*, des *Selbstbewußtseins*, in den Vordergrund.

Von grenzenloser Liebe erfüllt, will sich das *Ganze* allen seinen Teilen zeigen, die ja in ihm enthalten sind, will den Überfluß seiner Liebe verschenken. So begibt sich das *Ganze* in die Verkörperung jedes Teils, jedes Dings, jedes Individuums (lateinisch: individuum = das Unteilbare).

Involution (lateinisch: volvere = kreisen, bilden) geschieht, die „Einkreisung", „Einbildung" oder „Verwicklung" des Unendlichen in verschiedenen Hüllen der Begrenzung. In der indischen Tradition wird das „Maya" genannt, das Spiel der Illusionen, die Täuschung, die wir erst nach einem mühsamen Lernprozeß zu durchschauen vermögen. Dieser Prozeß, in dem sich der *göttliche Geist* verkörpert, geschieht in jedem Moment aufs Neue, und kann als der eigentliche Grund für das Vorhandensein der Welt in Raum und Zeit angesehen werden.

Die Überlieferung ewiger Wahrheit war stets nur für den inneren (griech.: esoterikos = innerlich, dem inneren Bereich zugehörig) Kreis der Schüler eines Weisheitslehrers bestimmt, da eigene innere Erfahrung erst den Boden bereitet, um sie verstehen zu können. Kausalkörper bezeichnet in der

Sprache der Eingeweihten den Grund für das Vorhandensein des Körpers: die Verkörperung des *Unendlichen*.

Damit sich das *Ganze* allen seinen Teilen zeigen
und seine Liebe offenbaren kann, ist der gegenläu-
fige Prozeß unumgänglich: die Teile müssen sich
im Sinne der Evolution entwickeln (vom Stein über
Pflanze und Tier bis zum Menschen), um schließlich im Mensch-Sein die Fähigkeit zur Erkenntnis
des *Ganzen*, zur *Selbst*-erkenntnis oder *Gottes*-
erkenntnis zu erreichen.

Im Stein ist die sich im Fühlen und Denken mani-
festierende Intelligenz des göttlichen Geistes enthalten wie der Same in der Kapsel: in einem traum-
losen Tiefschlaf. In der Pflanze ist die Wachstums-
bewegung des Lebens in Fahrt gekommen und
seine Intelligenz aus dem Tiefschlaf in einen weniger tiefen Schlaf aufgestiegen, in dem der Atem als
fließender Austausch zwischen dem *Ganzen* und
dem Teil erfahren wird. Im Tier intensiviert sich
die Traumtätigkeit und löst sich dabei immer mehr
aus dem Aufgehobensein im *Ganzen*: Existenzangst des Einzelwesens entsteht als Folge der
Fähigkeit, die Erfahrungen der Vergangenheit im
Gedächtnis zu speichern und diese im Geist wieder
wachzurufen. Die im Geist wachgerufenen Bilder
der Vergangenheit können auch in immer neuen
Kombinationen miteinander verknüpft und damit

Erwartungen von Zukunft erzeugt werden. Zeit und Zeitgefühl entstehen. Im Menschen erreicht die Intelligenz im Fühlen und Denken schließlich eine Ebene, auf der Erkenntnis der Wahrheit möglich wird.

Selbst-erkenntnis ist die Frucht des Zusammenwirkens weiblicher und männlicher Energie, die dabei jedoch unterschiedliche Rollen spielen: weibliche Energie öffnet sich der Wahrheit im Fühlen, männliche Energie kann sie im Denken widerspiegeln. Wahrheit kann nur im Zusammenwirken des von allen Beschränkungen befreiten Fühlens und des zur Ruhe gekommenen Denkens erkannt werden.

Täuschung ist in jedem Fall möglich – im Fühlen wie im Denken. In der Dimension des Fühlens ist das Gefühl des Getrenntseins vom *Ganzen* und die daraus entspringende existenzielle Angst die Entsprechung zum Ich-Gedanken in der Dimension des Denkens: *„Ich bin ein vom Ganzen getrenntes Einzelwesen."*

Das Fühlen ist nicht mehr vollkommen offenes und von Einschränkungen freies Fühlen, sondern vom Ich-Gedanken begrenztes Fühlen, Ergebnis unbewußter Denktätigkeit. Sobald sich nämlich der Geist mit dem Ich-Gedanken identifiziert und das Gefühl existenzieller Angst durch Flucht oder Kampf vermeidet, hat sich in beiden Dimensionen

(Denken und Fühlen) Begrenzung etabliert. Das Fühlen wird im Emotionalkörper gewissermaßen eingeschlossen, das Denken im Mentalkörper.

Die im Körper spürbaren Energien (Bioenergie) werden nun zum wichtigsten Medium der Wahrheitsfindung. In jedem Moment gibt es einen energetischen Impuls (Primärimpuls), der von selbst kommt, und einen ebenfalls energiegeladenen Impuls, der vom Ich-Gedanken abstammt und diametral entgegengesetzt ist. Der dadurch entstehende energetische Konflikt wird im Körper als Symptom (griechisch: symptom = das Herabgefallene) spürbar.

Nur durch die innere Bereitschaft zum Experiment, zu Versuch und Irrtum, zum Ausprobieren in der eigenen Erfahrung und zur Überprüfung im Fühlen und im Denken können wir Schritt für Schritt die Täuschung durchschauen und die Wahrheit erkennen. Ob ein Gedanke Wahrheit widerspiegelt oder nicht, können wir nur daran erkennen, daß wir seine Wirkung auf unser Gemüt fühlen. Sobald wir unsere alten Notlösungen vorbehaltlos anschauen, fühlen wir uns in der Tiefe berührt.

„Die Wahrheit wird euch frei machen"
(Jesus nach Joh 8; 31-33).

Im Fühlen öffnen wir uns für alle Gefühle, die von

selbst in unser Erleben kommen, auch wenn sie für uns unangenehm oder schmerzhaft sind und geben ihnen Raum, ohne einzugreifen oder sie festzuhalten. Was den Spiegel des Geistes anbelangt, so achten wir auf jene Momente, in denen er ruhig, klar und leer geworden ist; Momente, in denen er aufgehört hat, dem gegenwärtigen Moment zu entfliehen, auf den Speicher des Gedächtnisses zuzugreifen, um Vergangenheit wie in einem Film wieder aufleben zu lassen oder mit der Vorstellungskraft Zukunftsbilder zu entwerfen.

1 Die Hinweise auf diese im Tao-Symbol enthaltenen Gegebenheiten verdanke ich Frank Rubach.

Zur Einweihung eines Hauses

„Einweihung" leitet sich von „Weihen" ab, „Weihen" wiederum kommt von „Wehen" – es ist das Wehen des Windes gemeint. Wind oder bewegte Luft gelten seit altersher als ein Symbol für Geist: Geist in Tätigkeit.

Bei der Einweihung eines Hauses geht es also um die Frage, welcher Geist dieses Haus durchwehen, von welchem Geist alles Tun in diesem Haus geleitet und durchdrungen sein soll.

Ist es der Geist, der in der christlichen Sprache der heilige Geist, in der buddhistischen Tradition der Geist der Achtsamkeit genannt wird? Dieser Geist läßt sich nicht täuschen durch die scheinbare Aufspaltung in die Gegenpole von Gut und Böse. Er erkennt alles an, was ist. Das Ganze, das Heile und Heilige, kann er erkennen, weil er es kennt. Denn in ihm hat alles Raum.

Oder ist es der Geist der Verneinung, der uns in Teufels Küche führt:

> „Ich bin der Geist, der stets verneint!
> Und das mit Recht;
> denn alles, was entsteht,
> Ist wert, daß es zugrunde geht;
> Drum besser wär's, daß nichts entstünde.
> So ist denn alles, was ihr Sünde,
> Zerstörung, kurz das Böse nennt,
> Mein eigentliches Element."
>
> J.W. Goethe (Mephisto in Faust I)

Taufe – eine Form der Initiation

Taufen kommt sprachgeschichtlich von Tauchen bzw. Eintauchen: Eintauchen in Wasser. Jemand, der seinen Körper in Wasser eintaucht, erfährt

Reinigung, Kühlung, die Anpassungsfähigkeit des Elements Wasser, das ihn oder sie umfließt oder benetzt, Beweglichkeit im Kontakt. Damit ist auch die symbolische Ebene angedeutet: Taufe ist rituelle Reinigung durch Reue, d.h. durch Schmerz und Trauer über begangene Fehler, eine Änderung des Sinnes, die nicht durch Härte erzwungen, sondern durch weichen, beweglichen Kontakt ermöglicht wird. Änderung des Sinnes heißt Umkehr: das Bewußtsein ist nicht mehr der Außenwelt verhaftet, sondern wendet sich nach innen, dem eigenen Wesenskern zu. So ist die Taufe mit Wasser der Anfang einer Entwicklung, die mit der Taufe durch den GEIST ihren Höhepunkt findet: die Seele taucht ein in den Geist der EINHEIT, in das ALL-EIN-SEIN. In dieser Entwicklung ist der Mensch einer Raupe vergleichbar, die in sich die Möglichkeit des Schmetterlings birgt. Taufe ist eine Signatur jener Stufe in der Entwicklung, wo in der Raupe die Ahnung von der Existenz des Schmetterlings erwacht: das Bewußtsein ist nicht mehr nur auf die sterbliche Hülle fixiert, sondern öffnet sich dem wahren Wesen.

Jahrtausend-Wende – ein Rückblick

Eine Jahrtausend-Wende mitzuerleben, ist in gewisser Hinsicht ein Privileg und eine Herausforderung, seine symbolische Bedeutung zu be- trachten. Auch wenn dieses Ereignis nun schon wieder eineinhalb Jahrzehnte hinter uns liegt, lohnt es sich, sich nochmal damit zu befassen, zumal es in den öffentlichen Medien kaum eine fundierte Auseinandersetzung mit dem Thema gab.

Obwohl das zweite Jahrtausend erst mit dem 31.12. des Jahres 2000 zu Ende ging, also erst dann der Wechsel ins dritte Jahrtausend stattfand, war die symbolische Bedeutung der Jahrtausend-Wende mit dem Jahreswechsel 1999/2000 verbunden, mit dem Eintritt in das zweitausendste Jahr nach Christi Geburt.

Oberflächlich betrachtet war dieser Jahreswechsel zunächst einmal ein kommerzieller Höhepunkt, an dem viele „Trittbrettfahrer" viel Geld zu verdienen hofften. Doch warum war dieser Jahres-Zahlen-Wechsel so bedeutungsschwer, daß es kaum möglich war, ihn zu ignorieren?

Wie so oft hatte sich der Kommerz an die Ausstrahlungskraft einer Idee angehängt, ähnlich wie bei der olympischen Idee. Die Idee eines Jahrtausends konfrontiert uns mit dem Überindividuellen, mit dem, was größer ist als das Leben des einzelnen Menschen. Während ein Jahrhundert noch vom Leben einiger weniger einzelner Menschen überspannt werden kann, ist das bei einem Jahrtausend völlig ausgeschlossen.

Es fällt auf, daß sich wie über Nacht ein neuer Sprachgebrauch verbreitet hatte: In den Medien, im gesamten öffentlichen Raum wurde in einmütiger Sprachregelung vom „Millennium" gesprochen und der Begriff Jahrtausend vermieden. Der Gebrauch von Fremdwörtern war schon immer dazu geeignet, es zu vermeiden, sich in der seelischen Tiefe berühren zu lassen; die symbolische Bedeutung wird aus dem Bewußtsein verdrängt.

Mit der Jahrtausend-Wende werden Ende und Anfang einer Epoche markiert, eine Epoche in der Entwicklung des menschlichen Bewußtseins. Die zu Ende gehende Epoche hat durch die Dominanz der christlich-abendländischen Kultur zur Vereinheitlichung und zur globalen Verbreitung einer bestimmten Bewußtseinsform in der ganzen Menschheit geführt. Der Übergang von der einen zu der anderen Epoche ist kein von der Natur vorgegebener Wechsel; es ist ein Wechsel, der nur in der Vorstellungswelt der Menschen existiert. Hintergrund für die Jahrtausend-Wende ist allerdings ein mehrere Jahrzehnte dauernder Übergang, der sich auch am Sternenhimmel vollzieht: der Eintritt in das sogenannte Wassermann-Zeitalter.

Der im jetzigen Sprachgebrauch eher vermiedene Begriff des „Jahrtausends" oder der „Jahrtausend-Wende" enthält noch die Schwingung mythischer Symbolik. Die Nazi-Propaganda verstand es zum

Teil meisterhaft, auf der Klaviatur der mythisch-symbolischen Seelenebene zu spielen, und so benutzten die Nazis in ihrer Propaganda auch den Begriff des „tausendjährigen Reiches". Das römische Imperium wie auch das „Heilige römische Reich deutscher Nation" sind die zwei uns vertrauten Beispiele tausendjähriger Reiche. Doch was berechtigt uns eigentlich dazu, sowohl im 7. Jahrhundert (753 Gründung Roms) VOR wie auch im 3. Jahrhundert NACH Christi Geburt von ein und demselben römischen Imperium zu sprechen oder von ein und derselben deutschen Nation zu Zeiten Karls des Großen und zu Zeiten Goethes?

Es sind andere Menschen, andere Techniken, auch die Sprache hat sich gewandelt, auf der Ebene der konkreten Wirklichkeit ist fast alles verändert, und doch fühlen sich die Menschen als Römer, als Vasallen oder Feinde Roms bzw. als Deutsche.

Was fast tausend Jahre überdauert hat, scheint die identitätsstiftende Idee (und das darauf aufgebaute Ideengebäude) zu sein, mit der die Menschen identifiziert sind bzw. waren.

Die Jahrtausend-Wende markiert in dieser Sicht einen sowohl mit Angst wie auch mit Hoffnung erlebten Umbruch in der zentralen identitätsstiftenden Idee: einerseits verfallen die bisher gültigen Werte unserer Kultur, der Fortschrittsglaube erreicht einen Tiefpunkt, andererseits keimt massenhaft eine neue Idee, die Idee eines „transrationalen und transpersonalen" Bewußtseins.

Die tiefere Bedeutung dieser Jahrtausend-Wende läßt sich jedoch nicht ausloten, ohne den Dreh- und Angelpunkt unserer Zeitrechnung ins Auge zu fassen: die Geburt Christi.

Auf der symbolischen Ebene ist das der Augenblick, in dem die in der Menschenseele angelegte Fähigkeit zu grenzenloser Liebe das Licht dieser Welt erblickt, also konkret wird.

Wenn wir die Symbolik der ersten Jahrtausend-Wende nach Christi Geburt betrachten, fällt auf, daß das Kreuz sich erst nach der Jahrtausend-Wende mehr und mehr als Symbol des Christentums durchgesetzt hat. In den früheren, im ersten Jahrtausend üblichen Darstellungen stand nicht der gekreuzigte Christus im Vordergrund, sondern der über den Tod triumphierende auferstandene Christus. Auch die Kreuzzüge sind ein Phänomen des beginnenden zweiten Jahrtausends. Das Kreuz ist schon in vorchristlicher Zeit ein Symbol der voll entfalteten Polarität (Mann und Frau, Tag und Nacht, Leben und Tod, usw.).

Das zweite Jahrtausend steht symbolisch unter dem Zeichen des Kreuzes, die aufeinander bezogenen Gegensätze von Natur und Technik, von Moral und Trieb erzeugen ein starkes Spannungsfeld und eine Dynamik, die die Entwicklung immer mehr beschleunigt. Am Ende des zweiten Jahrtausends ist auch das Kreuz als Symbol des Christentums in der bisherigen Form am Ende. Den Kirchen laufen ihre Mitglieder davon, weil sie das starke religiöse Bedürfnis der Menschen nicht mehr zu stillen vermögen. Viele Menschen suchen die religiöse Erfahrung jenseits von Dogmen, Geboten und Verboten.

In der Zahlen-Mystik entspricht dem Kreuz die Zahl 4, die Zahl der voll entfalteten Polarität. Auf 4 folgt 5, die Zahl der „quinta Essentia", der Quintessenz: der Punkt, auf den es beim Kreuz ankommt; der Punkt, auf den es in der Welt der Gegensätze ankommt; der Mittelpunkt, der die Ausgewogenheit zwischen den Gegensätzen herzustellen vermag und der – in der mystischen Tradition unserer Kultur – auch als der Christus-Punkt bezeichnet wird.

So geht es an der Wende zum dritten Jahrtausend darum, daß jeder einzelne Mensch diesen Punkt in sich findet, von dem aus die Versöhnung der Gegensätze möglich ist. Das zentrale Thema des neu beginnenden Jahrtausends ist nicht mehr die weitere und immer schnellere Entfaltung der Polarität im technischen Fortschritt, sondern die innere Erfahrung jedes einzelnen Menschen, in der die Mitte gesucht und gefunden werden kann.

Als einzelner Mensch bin ich – zum großen Teil unbewußt – identifiziert mit grundlegenden Rollen, die gleichermaßen geistige Orientierungen wie auch Begrenzungen darstellen:

Ich bin ein menschliches Wesen.
(Identität als Mensch)

Ich bin ein körperliches Wesen.
(Körper-Identität)

Ich bin ein männliches bzw. ein weibliches Wesen.
(Geschlechtliche Identität)

Ich bin ein Wesen mit dieser Muttersprache.
(Sprachliche Identität) usw.

Die in unserem Kontext bedeutsame Identifizierung könnte in allgemeinster Form so lauten:

Ich bin ein Bürger dieser Welt.
(Weltliche Identität oder Welt-Ich)

Während die alte Weltordnung zusammenbricht, erleben wir – begleitet von Angst und Unsicherheit – im Übergang von der alten zu einer neuen Weltordnung einen zeitweiligen Identitätsverlust bzw. eine Identitätskrise.

Transformation und Lösung in dieser Krise finden in einem Satz Ausdruck, den Jesus Christus so formuliert hat:

Ich bin in dieser Welt, nicht von dieser Welt.
(Wesens-Ich oder transformierte weltliche Identität)

Wir finden uns vor die Herausforderung gestellt, aufzuspüren und zu emp-*finden*, was uns von innen aufrechterhält, wenn alles andere wegfällt.

Über Respekt und Autorität

Respekt
Respekt (lat. respectare = zurückblicken) meint das Zurückblicken auf den Ursprung, aus dem alles hervorgeht. Es ist so, wie wenn die verschiedenen Blätter eines Baumes sich bewußt werden, daß sie alle demselben Baum entstammen.

Alle Lebewesen und Dinge treten in Erscheinung, ins Dasein, sind eine Weile da und verschwinden irgendwann wieder dorthin, woher sie kamen. Ob wir diesen Ursprung nun als Urgrund, als göttlichen Geist, als Leere oder anders bezeichnen, ist letztlich gleichgültig.

Einzig die Abstammung aus diesem gemeinsamen Ursprung ist der Grund, warum allen Menschen, Tieren, Pflanzen und Dingen Respekt gebührt. Indem wir ihnen mit Achtung begegnen, erweisen wir dem Ursprung von allem die Ehre.

Autorität

Mit Autorität wird sowohl der äußere, durch ein Amt oder eine gesellschaftliche Position verliehene Einfluß oder die damit verbundene Macht bezeichnet, wie auch das Ansehen, das eine Person in der Gesellschaft genießt unabhängig von ihrer formalen Position.

Der Begriff der Autorität leitet sich etymologisch vom lateinischen Wort auctoritas ab, das im Sinne von Würde, Ansehen, Einfluß gebraucht wurde. Auctoritas wiederum leitet sich von auctor ab, womit Urheber, Schöpfer oder Veranlasser gemeint ist. Damit ist auf die Quelle aller echten Autorität hingewiesen. Die Herkunft des lateinischen Worts vom älteren griechischen Wort autos (= selbst) ist unschwer zu erkennen.

Echte Autorität und Charisma entwickeln jene Persönlichkeiten, die sich dem eigenen Inneren gestellt haben, dem Unsichtbaren in uns, der Dimension des Seelisch-Geistigen, und sich dort auch die Schattenseiten angesehen haben. So hat das Ansehen, das wir uns bei den Mitmenschen erwerben, nicht nur – und auch nicht in erster Linie – mit unseren äußeren (Arbeits-)Leistungen zu tun, sondern vor allem mit geleisteter innerer Arbeit. Die Verarbeitung seelischer Konflikte und die Integration des eigenen Schattens sind es, die es mir möglich machen, mich dem hinzugeben, was von selbst geschieht, was vom SELBST kommt. In der Wendung des Bewußtseins nach innen kommen wir mit dem Unsichtbaren, dem Nicht-Meßbaren, dem Unbegreiflichen und Unfaßbaren in uns in Berührung, eben dem SELBST. Diesem SELBST zu vertrauen, das und nur das ist Selbstvertrauen.

Betrachtungen zur Liebe

Liebe durchdringt alle Ebenen des Seins und will sich auf jeder Ebene verwirklichen.

Sie vereint in sich so gegensätzliche Qualitäten wie jene des Feuers (Wärmen, Verzehren und Umwandeln, Erhellen und Erleuchten), des Wassers (sanftes Berühren und Umfangen, Erfassen und Mitreißen), der Erde (Fruchtbarkeit, Boden, Beständigkeit, Festigkeit und Halt geben) und der Luft (allem Freiheit schenken, Flexibilität bis zur Verflüchtigung, den Duft der Essenz verbreiten).

Auf der leiblichen Ebene zeigt sie sich in Lust und Leidenschaft der Sexualität, in Zärtlichkeit und Fürsorge, auf der Gemüts-Ebene in Offenheit und

Mitgefühl, in Gelassenheit und Freude und auf der geistigen Ebene im Erkennen der Wahrheit:

> „Und Adam erkannte sein Weib, Eva, ..."
> (1. Mose 4:9)

Erkennen hat Kennen zur Voraussetzung: ich kann nur *er*kennen, was ich bereits kenne.

Allerdings ist dabei nicht das intellektuelle Kennen gemeint, sondern ein Kennen, das eine Begleiterscheinung des Seins ist: weil ich als Mensch von menschlicher Art bin, kenne ich schon immer den Tod, die Begrenzung – und weil ich als Mensch auch von göttlicher Art bin, kenne ich immer schon das alle Begrenzung überschreitende Leben.

Wenn Mann und Frau sich gegenseitig *er*kennen, erkennen sie aneinander und in sich das *Göttliche*. Das ist Verwirklichung der Liebe auf der geistigen Ebene.

Zur Verwirklichung gehören auch die verschiedenen Stadien (Keimen, Verwurzelung, Wachsen, Blühen, Früchte tragen, Verwelken und Eingehen). Auf leiblicher Ebene sind die Kinder und das durch Arbeit Geschaffene die Früchte, auf der Ebene des Gemüts ist es die Heilung aller emotionalen Wunden, tiefe Freude am Dasein und Mitgefühl mit allen Wesen und auf der geistigen Ebene ist es die Erkenntnis der ewigen Wahrheit hinter den sich wandelnden Erscheinungen.

Hochzeit

Heirat wird dadurch zur Hoch-Zeit, daß sich Mann und Frau gemeinsam dem Höchsten zuwenden, dem, was beiden heilig ist – wie immer er oder sie es nennen mag – die *Liebe*, das *Leben*, das *Licht*, die *Einheit* oder *Gott*. Beide wenden sich dem zu, was die Welt der Formen, diese begrenzte Welt, die durch Raum, Zeit und Materie definiert ist, übersteigt: der Inhalt, der in allen Formen enthalten ist, das Grenzenlose, das wir erahnen, spüren, erfahren, aber nicht erfassen können. Himmel ist ein Bild dafür. Ehen werden im Himmel geschlossen, im Reich dieses Grenzenlosen, das wir auch Ewigkeit nennen. Nur wenn Mann und Frau jetzt und immer wieder in die Ewigkeit eintauchen, das heißt, in der Tiefe der Seele Grenzenlosigkeit erfahren, kann Ehe in der Bewährungsprobe des gelebten Alltags gelingen.

So bedeutet Hoch-Zeit, daß Mann und Frau als die aufeinander bezogenen Gegenpole sich dem Höchsten zuwenden – der *Einheit*, in der alle Polarität aufgehoben ist – um miteinander und ineinander das *Wesen* zu erkennen.

Über die Ehe

Ehe im tiefsten Sinn erfüllt sich,
wenn zwei einander begleiten auf dem Weg,
der hinausführt aus Zwiespalt und Leiden:
das *Eine* zu erkennen,
das, was *wirklich* ist,
was ist,
ehe aus der Formlosigkeit erfüllter Leere
Formen in Erscheinung treten,
was ist,
ehe der Eindruck von Raum und Zeit entsteht,
was ist,
jenseits des Wechselspiels
von Anziehung und Abstoßung,
von Vereinigung und Entzweiung,
von Werden und Vergehen.

Zeugen

Alle Wörter, die zu dieser Familie gehören (wie
Zeug, Zeuge, Zeugnis, Erzeugen, Bezeugen), gehen
etymologisch auf Ziehen zurück. Im tiefsten Sinne
geht es darum, etwas aus der Dunkelheit des Unbewußten ans Licht zu ziehen, ans Licht des Bewußtseins, ins Licht der Wahrheit.

Die Kraft für diese Anziehung tritt sowohl in der Erscheinungsform der Polarität auf (Gegensätze ziehen sich an) wie auch in Form der Resonanz des Ähnlichen (Gleich und Gleich gesellt sich gern).

Nur dadurch, daß es ans Licht gezogen wird, kann etwas auf seinen Wahrheitsgehalt geprüft werden.

Wenn Mann und Frau ein Kind zeugen, sind sie Zeugen für die schöpferische Kraft des Lebens, mit der sie begabt sind, die aber nicht von ihnen verursacht ist. Mit der Zeugung wird ein beseeltes menschliches Wesen in die Inkarnation gezogen. Dieses Kind bringt später ans Licht, was in der Seele seiner Eltern ungelöst, was verdrängt und verleugnet ist.

Hat ein Mensch den Weg der Selbsterkenntnis eingeschlagen, so kann er die Inhalte seines Unterbewußtseins ans Licht ziehen, indem er zunächst einmal den inneren Richter (das Über-Ich) entthront. Danach kann das Herz als wahrer Souverän und innerer Zeuge diesen nur ihm zustehenden Platz einnehmen und schließlich alles einladen und willkommen heißen, was sich bisher im Dunkel des Unbewußten verborgen hielt. Indem nun der innere Zeuge alle psychischen Phänomene ohne Urteil oder Wertung anschaut, schwindet die Angst und mit ihr auch das Bedürfnis nach Projektion der abgespaltenen Anteile.

The River Is Flowing – Im Fluß Sein

Lied aus der Tradition nordamerikanischer Ureinwohner

The river is flowing, flowing and growing, the river is flowing back to the sea.

Mother Earth carries me, your child I will always be. Mother Earth carries me back to the sea.

(Amerikanische Fassung: Sun Bear).

Im Fluß Sein heißt: fließen, sich fließend ergießen; als Fluß wachsen: fließen heimwärts in's Meer.

Erde, du trägst mich heim, dein Kind werd' ich immer sein; Erde, du trägst mich heim, heimwärts in's Meer.

(Deutsche Fassung von mir; Noten dazu S. 108)

Enthaltsamkeit – in neuem Sinn

Enthaltsamkeit wird im heutigen Sprachgebrauch fast nur noch auf den Umgang mit Sexualität bezogen und meistens als Nein zum Ausleben jeglicher sexueller Impulse mit ihrer Unterdrückung verwechselt. Im therapeutischen Kontext ist – bezogen auf den sinnvollen Umgang mit Gefühlen und Impulsen – oft von »Containment« die Rede. Dieser

aus dem Lateinischen ins Englische übernommene
Begriff meint, daß das Bewußtsein allen in ihm auf-
tauchenden Gefühlen und Impulsen Raum gibt,
ohne etwas damit zu machen, also sie weder auszuagieren noch zu unterdrücken oder zu kontrollieren. Liegt darin vielleicht auch die ursprüngliche
Bedeutung von Enthaltsamkeit?

Unsere Sprache verweist uns auf einen Unterschied
zwischen »enthalten« und »sich enthalten«. „Ich
enthalte mich meiner Stimme" heißt, ich sage
weder ja noch nein; ich verzichte darauf, einen eigenen Standpunkt einzunehmen und aus einer Perspektive, die unvermeidlich begrenzt ist, ein Urteil
zu fällen. Was uns im äußeren Leben oft wie
Drückebergerei vorkommt, erweist sich im Innen-
leben als Vertrauen zu dem, was von selbst
geschieht, als wahres Selbstvertrauen.

Wenn wir an einen mit Wasser gefüllten Behälter
denken, so *ent*-hält er Wasser, ohne daß er es *be*-
hält. Er kann gar nicht anders, als sich jeglichen
eigenen Tuns zu *ent*-halten. Nur der Mensch hat die
Möglichkeit, mit eigenem Tun zu reagieren auf das,
was er im „Behälter" seines Bewußtseins *ent*-hält.
Enthaltsamkeit bedeutet den bewußten Verzicht
auf diese Möglichkeit. Des weiteren bezieht sie sich
auch auf die Fähigkeit des „Behälters", alles zu *ent*-
halten, ohne irgendetwas aussondern oder hinaus-
schleudern zu müssen. Druck, Anspannung und

Enge im „Behälter" sind somit zu verstehen als Folge zu enger Grenzen des Bewußtseins. In jedem Fall geht es darum, diese Grenzen zu erweitern und schließlich ganz aufzugeben. Was das Bewußtsein als »Wasser des Lebens« *ent*-hält, lediglich loswerden oder ausagieren zu wollen oder – im anderen Extrem – zu unterdrücken und zu verdrängen, läuft auf dasselbe hinaus: bewußtes oder unbewußtes Ausweichen vor der Herausforderung des Lebens.

Konfirmation alias Firmung

Das Wort ist lateinischen Ursprungs und bedeutet gemeinsame Festigung, Festigung im Glauben. Ist Glaube gleichbedeutend mit unseren tiefsten Überzeugungen?

Überzeugungen sind nach Jean Gebser stets *Über*-Zeugungen, also eine Überreaktion, eine Verallgemeinerung, die einen Schritt zu weit geht. Wir können nur Zeugnis ablegen vom jeweils gegenwärtigen Augenblick und dem, was wir dabei sehen, hören, riechen, schmecken, fühlen, spüren und erfahren. Wie glaubwürdig dieses Zeugnis, diese Bezeugung der Wahrheit ist, hängt vor allem vom Maß unserer Offenheit ab. Wenn wir also unter Glaube nicht einfach unsere tiefsten Überzeugun-

gen verstehen, die unsere Weltsicht verengen und
uns von Menschen mit anderen Überzeugungen
unterscheiden und trennen, so bleibt als Kern allen
Glaubens nur eines übrig: eine Offenheit, die uns
mit dem Nächsten verbindet, das Urvertrauen oder
Grundvertrauen zum Leben, zum größeren Ganzen. Dieses größere Ganze übersteigt alle Vorstellungen. Seit ein paar Tausend Jahren verwenden
wir in unserer Tradition dafür das Wort GOTT, das
eine gemeinsame sprachliche Wurzel mit dem Wort
„Gut" hat: das Gute jenseits von „gut" und „böse",
also jenseits unseres menschlich beschränkten
Urteils, das durch unser Denken oder Vorstellungsvermögen nicht erfaßt, aber mit Leib und
Seele erfahren werden kann.

Glaube wird gefestigt vor allem durch den Kontakt
und die Verbundenheit mit *jenen* Menschen, die
sich im Herzen für das größere Ganze geöffnet
haben, egal welcher Konfession oder Religion sie
angehören. Glaube ermöglicht einen Vorschuß an
Vertrauen, der nötig ist, um sich voll und ganz auf
dieses Leben einlassen zu können. Glaube ist im
mathematischen Sinne notwendig, aber nicht hinreichend für unser Lernen und unsere innere Entwicklung. Darüber hinaus brauchen wir auch den
Willen und die Bereitschaft, die eigenen Überzeugungen immer wieder in Frage zu stellen und uns
unserer zunächst unbewußten Vorannahmen über

das Leben, über Gott und die Welt und über uns selbst bewußt zu werden, um dann über diese selbst auferlegten Beschränkungen hinauszugehen.

Emotion und Gefühl

Emotionen (von lat. emovere = hinausschaffen) heißen so, weil sie Bewegungen von innen nach außen sind. Ihre Quelle liegt in jedem Fall innen, also in *jenen* geistigen Überzeugungen, die im Gemüt Fuß gefaßt haben. Emotionen sind Gemütsbewegungen, die nach Ausdruck verlangen. Während sie beim kleinen Kind impulsiv und unkontrolliert nach außen kommen, haben das ältere Kind oder der Erwachsene die Möglichkeit, den Ausdruck dieser Energie zu hemmen oder ganz zu blockieren.

Jede bewußte Wahrnehmung der Emotion läßt eine geistige Fassung entstehen, die wir als Gefühl erleben und die der Emotion zunächst einmal Raum im Inneren gibt. Wie der menschliche Körper Wasser enthält, so enthält das Bewußtsein die emotionale Energie des Gefühls. Der ursprüngliche Sinn von Enthaltsamkeit wird hier einsichtig: nämlich die Fähigkeit, die Energie im Inneren zu enthalten, ohne ihre selbsttätige Bewegung zu steuern oder zu kontrollieren, aber auch ohne sie nach außen hin auszuagieren oder den Überdruck einfach abzulassen.

Unterdrückung des freien Flusses dieser Energie führt stets zu innerem Druck (Stress), der – einmal chronisch geworden – den Nährboden für viele Erkrankungen bietet.

Im unreflektierten Umgang mit Emotionen besteht oft die Neigung, sie zu unterdrücken bis hin zur vollständigen Verdrängung aus dem bewußten Erleben. Doch auch das Gegenteil ist oft zu beobachten: die emotionale Energie wird rücksichtslos ausagiert und die Verantwortung einem vermeintlich Schuldigen zugeschrieben. Ersteres ist der eigenen Gesundheit, letzteres den zwischenmenschlichen Beziehungen abträglich.

Bewußter Umgang mit Emotionen beginnt damit, daß ich zwischen dem in der Außenwelt vorhandenen Auslöse-Reiz und der inneren Quelle unterscheide. Wie schon gesagt, ist die Quelle in geistigen Überzeugungen zu finden, die zunächst einmal dem Bewußtsein nicht zugänglich sind. Bewußtwerdung erfordert eine Entscheidung dafür, diese inneren Glaubenssätze ans Licht zu bringen und die Verantwortung für sie zu übernehmen. Im reifen Umgang mit unseren Emotionen öffnen wir uns für sie im Fühlen, schenken ihnen in unserem inneren Erleben Raum und Zeit und lassen sie schließlich auch wieder gehen. Dieses von Johannes Tauler sogenannte „Ausfühlen" der Gefühle mündet schließlich in eine wundersame Umkehrung der Bewegungsrichtung ein: das Tor nach innen öffnet sich.

Gefühl als Resultat inneren Tuns

„Ich fühle mich niedergeschlagen." „Ich fühle mich verletzt." „Ich fühle mich betrogen." „Ich fühle mich beschissen."

Diese Auflistung könnte endlos fortgesetzt werden; in all diesen Sätzen drückt sich die fühlende Wahrnehmung eines Zustands aus, der als Resultat eines unbewußten inneren Tuns beschrieben werden kann. Blindheit gegenüber den Vorgängen im eigenen Inneren führt dazu, daß dieses geistige Tun nach außen projiziert und dort vermeintlichen Tätern zugeschrieben wird.

Erst wenn sich eine Bereitschaft zur Innenschau entwickelt hat, können diese Gefühlszustände im Sinne einer forschenden Selbsterkundung genutzt werden:

„Was in mir habe ich – unbewußt – niedergeschlagen?" „Was in mir habe ich verletzt?" „Inwiefern habe ich mich selbst (um etwas) betrogen?" „Worum habe ich mich selbst beschissen?"

In der Selbsterforschung kann ich in einem ersten Schritt bisher unbewußt und automatisch ablaufende Reaktionsmuster entdecken, die mein Gemütsleben und Denken beherrschen. Im zweiten Schritt geht es darum, für diese alten Gewohnheiten die volle Verantwortung zu übernehmen.

Sich Winden und Überwinden

Jeder kennt das Phänomen bei anderen und – vielleicht auch – bei sich selbst. Ich bin mit etwas konfrontiert, das mir aufs Höchste unangenehm ist. Ich fange an, mich zu winden.

Das Sich-Winden ist eine schlangenartige psychische Bewegung – abwechselnd nach links und nach rechts, es ist eine Ausweich-Bewegung. Ich will mich dem nicht stellen, was mir so unangenehm ist. Doch irgendwo gibt es die Ahnung, daß auch die Flucht keine Lösung ist. So bleibe ich unentschieden.

Sobald ich den Mut aufbringe, mich der Situation zu stellen, richtet sich diese schlangenartige Bewegung in der Psyche aus der Horizontalen in die Vertikale auf: ich spüre die Kraft zur Überwindung dessen, was für mich so schwierig war.

Über das Erwachsen-Werden

Erst im Jahre 1975 ist in Deutschland die Grenze für das Volljährigkeitsalter von 21 Jahren auf 18 Jahre herabgesetzt worden. Bis 1876 wurde die Volljährigkeit in vielen Gegenden Deutschlands erst mit 25 Jahren zuerkannt.

Was heißt „volljährig" oder „erwachsen" eigentlich – jenseits von der relativ willkürlichen und oberflächlichen juristischen Definition?

Wird einer „volljährig", so wird er für „voll genommen" – zählt nicht mehr nur als „halbe Portion". Doch ist das wirklich nur eine Frage des Geburtsdatums? Manche Menschen kann man zeitlebens nicht für voll nehmen, obwohl sie ja längst „volljährig" sind.

Erwachsen ist ein Verb, ein Tätigkeitswort, das sich von Wachsen ableitet: durch Wachstum eine bestimmte Größe erreichen.

In der materialistischen Weltanschauung wird das

materiell verstanden, das heißt, auf die körperliche Entwicklung des Menschen bezogen: mit 18 sind die jungen Menschen nicht nur geschlechtsreif und zeugungsfähig, sondern den meisten äußeren Anforderungen gewachsen; durch Wachstum haben sie die gesellschaftliche Funktionstüchtigkeit erreicht – sind also in diesem Sinne erwachsen.

Doch bleibt die materialistische Sichtweise an der Oberfläche und blendet die Innenseite des Menschen, also Geist und Gemüt, weitgehend aus. In diesem inneren Sinne gibt es auch eine bestimmte Größe zu „erwachsen", ohne die niemand für voll genommen wird. Ashley Montagu definiert Erwachsensein als die Fähigkeit, für die in jedem Menschen und jedem Lebensalter vorhandenen kindlichen Bedürfnisse Verantwortung zu übernehmen und Sorge zu tragen. Das heißt auch, niemand anderen mehr verantwortlich zu machen, wenn etwas im Leben schief läuft.

Reicht diese psychologische Definition von Erwachsenheit, um die Einseitigkeit des materialistischen Verständnisses zu korrigieren? Oder geht es für uns Menschen nicht darum, auch im geistigen Sinne eine Größe zu „erwachsen", die uns aus den Kinderschuhen kleingeistiger Enge heraus wachsen läßt, so daß wir als Mensch aufrecht und aufrichtig, selbständig und innengeleitet unseren Lebensweg gehen können? Wenn wir uns so unserer Verantwortung für uns selbst und für die ganze Welt bewußt geworden sind, sie annehmen und tragen, sind wir nicht mehr Kleingeister, sondern auch im geistigen Sinne »erwachsen« geworden: herangereift zu einem Menschen, der sich für das größere Ganze geöffnet hat, für jene dem Verstand nicht faßbare Unendlichkeit des Kosmos, die die einzige und alles umfassende Wirklichkeit ist.

Erwachsen zu werden, wird zur Lebensaufgabe; und – so gesehen – gibt es nur wenige Erwachsene.

Gute Gespräche

Jedes Gespräch ist auf ein Du bezogen, sogar im Selbstgespräch spreche ich zu mir selbst wie zu einem Du. Das unterscheidet das Gespräch von der Rede.

Gespräch bedeutet, das im Kontakt zwischen Ich und Du etwas zur Sprache kommt, was der Gegenwart beider Beteiligter bedarf, um aus der Latenz des Ungesagten hervorzutreten: Aussprechen ist immer auch ein Wagnis.

Ein gutes Gespräch unterscheidet sich vom schlechten (von der seichten Talkshow) durch seine Tiefe. Bilder, Regungen, Strebungen, Gemütsbewegungen dürfen aus der Tiefe des Unbewußten aufsteigen und zur Sprache kommen, oft auch zur Überraschung des Sprechenden selbst.

Das gute Gespräch ist eine Art Geburtshilfe für das in uns Verborgene, das darauf wartet, ans Licht zu kommen.

Über Heimat und Heimatverlust

Was unterscheidet Heimat von Heim oder von zu Hause ? Als Kind fühlte ich mich heimatlos, auch wenn ich daheim war, also zu Hause, in meinem Elternhaus. Zweifelsfrei hatte ich ein zu Hause, doch fühlte ich mich nicht eingebettet in das Umfeld – da, wo ich geboren war oder dort, wo wir später wohnten. Es gab nachbarschaftliche Kontakte – ja – und auch gelegentliche Verwandtenbesuche. Aber geborgen oder aufgehoben fühlte ich mich in dem größeren Umfeld nie, das uns als Familie umgab. Wer seine Heimat verloren hat, sucht nach einer Ersatzheimat oder zumindest nach einem Heimatersatz. Im vertrauten Klang der Muttersprache fand ich, was mir so etwas wie Heimat wurde. Die fremden Klänge der russischen Soldaten, die ich manchmal aufschnappen konnte oder

die englischen Brocken, die ins Deutsche einzusik-
kern begannen, verstärkten nur den Kontrast zur
Eigenart der Muttersprache. Wir sprachen keinen
Dialekt, nicht den sächsischen Dialekt meines
Geburtsortes, auch nicht die mit westfälischem
Platt eingefärbte Sprache des „Kohlenpotts", des
Ruhrgebiets, in dem ich später aufwuchs. Wir
sprachen Hochdeutsch.

Meine Mutter hatte ihre Heimat verlassen – des
Krieges und der Liebe wegen. Ihre Heimat war
Siebenbürgen, jenes von den Karpaten umschlos-
sene Bauernland in Rumänien, das acht Jahrhun-
derte lang deutschen Siedlern Wohlstand sowie
kulturelle und sprachliche Eigenständigkeit ge-
währte. In Siebenbürgen gab es Städte und Dörfer,
in denen nur Deutsch oder der siebenbürgisch-säch-
sische Dialekt zu hören war, mit deutschen Orts-
schildern und Schulen, in denen der gesamte Unter-
richt selbstverständlich auf Deutsch stattfand. Der
verwandtschaftliche und nachbarschaftliche Zu-
sammenhalt war in Siebenbürgen seit je viel größer
als in Deutschland gewesen, wohl auch wegen des
rumänischen Umfeldes. Meine Mutter litt unter
dem Verlust ihrer Heimat.

Mein Vater war als Kind deutscher Eltern während
der Zeit geboren, als sein Vater, mein Großvater, in
Sao Bento, einer deutschsprachigen evangelischen
Gemeinde im Staate Santa Katharina in Brasilien,

der Dorf-Pfarrer war. Die ersten 8 Jahre seines
Lebens wuchs er in Brasilien auf, wo er nur wenig
Portugiesisch lernte. Dann ging die Familie zurück
nach Deutschland. Brasilien war ihm nicht Heimat
geworden. In seiner Rückschau waren jene fünf
Jahre, die die Familie in Gollnow in Pommern ver-
lebte, die glücklichsten. Dort war es ihm vergönnt,
zumindest heimatliche Gefühle kennenzulernen,
das Gefühl von Einbettung in das größere Umfeld.
Aber der neuerliche Pfarrstellenwechsel nach Grö-
bitz in Sachsen-Anhalt beendete diese Zeit. So war
Heimat für meinen Vater eine vorübergehende Ge-
fühlserfahrung geblieben. Die tiefe Verwurzelung
im angestammten Umfeld hatte er nicht erfahren.

Wir sprechen von politischer Heimat oder auch
von geistiger Heimat und meinen dabei einen bestimmten Aspekt von Heimat, die Verbundenheit
aufgrund von gemeinsamer politischer oder geistiger Orientierung. Der andere wesentliche Aspekt
von Heimat ist die Abstammung aus einem ge-
wachsenen Umfeld. Der Einzelne fühlt sich nicht
nur vertraut mit seinem Umfeld, sondern seine Zu-
gehörigkeit ist für ihn und für sein Umfeld bewußt
und anerkannt: Der Sprößling kennt den Stamm,
und der Stamm kennt seine Sprößlinge.

Im 20. Jahrhundert wurde der Verlust von Heimat
erstmals in der Geschichte zu einem weltweiten

Phänomen, das nicht mehr nur einzelne Individuen oder manche Völker (wie z.B. die Juden und die Deutschen), sondern einen ständig wachsenden Anteil der ganzen Menschheit betrifft. Vor diesem Hintergrund kommt schließlich der Mensch als Gattungswesen in den Blick, und die Frage nach Heimat oder Heimatverlust erhält eine weitere Dimension. Der Mensch als geistiges Wesen verkörpert sich vorübergehend auf dieser Erde. Irdisches Leben bedeutet dann immer schon Verlust der wahren angestammten Heimat, und die Sehnsucht nach dieser Heimat erweist sich als die treibende Kraft in der individuellen und kollektiven Evolution des Bewußtseins.

Entfremdung

Entfremdung bedeutet den Verlust fühlender Verbindung zum Wesenskern, zum göttlichen Ursprung. Dieser Verlust hat einen individuellen und einen kollektiven Aspekt. Zum kollektiven Aspekt gehört die Abkehr vom sprachlichen Erbe, die sich in rasantem Tempo im Bewußtsein einer wachsenden Zahl der Deutschen vollzieht. Muttersprache ist nicht nur die Sprache der Kindheit, die die emotionalen Tiefen verdrängter Kindheitserfahrungen wieder anklingen läßt. Sie ist auch die

Sprache der Ahnen, der Vorfahren, die die kollektiven Erfahrungen eines Volkes oder einer Sprachgemeinschaft wachruft und dadurch bewußter Verarbeitung zugänglich macht. Mag die Lust am Gebrauch des Englischen vordergründig als Weltoffenheit erscheinen, so ist sie doch Teil einer kollektiven Flucht, einer Verdrängung, die wie jede Verdrängung weitgehend unbewußtheit geschieht.

Vgl. dazu: Ekkehard Ortmann: Der tiefste Grund ist Grund zur Freude, insbesondere Kapitel 3 (S. 111-119 und 130-140); ders.: Was in der Seele nachklingt (S. 102-135 und 139-167)

Bewußter Gebrauch der eigenen Sprache ist ein Zugang zur Quelle der Kraft, ein Zugang, der uns den Weg zum göttlichen Urprung weisen kann. Der uns allerdings auch mit allem konfrontiert, was im Kollektiv des eigenen Volkes nur verdrängt, aber nicht verarbeitet und verwandelt ist.

Geistige Durchdringung und Verständnis auch komplexer Zusammenhänge erweisen sich erst wirklich, wenn ich mit ihnen so vertraut bin, daß ich sie ohne Fremdwörter oder Fachbegriffe in der eigenen Sprache darzustellen vermag.

Verloren

Still, bleib stehen! Die Bäume vor Dir und die Büsche neben Dir sind nicht verloren. Wo immer

Du auch bist, der Name dafür ist »Hier«. Mit Ihm mußt Du Dich vertragen wie mit einem mächtigen Fremden, mußt um Erlaubnis fragen, das »Hier« kennenzulernen, und von Ihm erkannt zu werden. Der Wald atmet. Höre! Lausche! Alles antwortet, diesen Platz um dich herum – ICH habe ihn erschaffen. Wenn Du ihn auch verläßt, so kannst du doch wieder zurückkehren – und »Hier« sagen. Nicht zwei Bäume sind dem Raben gleich, nicht zwei Zweige dem Zaunkönig. Geht Dir verloren, was sich in Baum und Busch regt, so bist – gewiß – auch Du verloren. Still, bleib reglos! Der Wald weiß, wo Du bist. Du mußt Dich von Ihm finden lassen.

Lost
Stand still. The trees ahead and the bushes beside you
Are not lost. Wherever you are is called Here. And
you must treat it as a powerful stranger, Must ask per-
mission to know it and be known. The forest breathes.
Listen. It answers, I have made this place around you,
If you leave it you may come back again, saying Here.
No two trees are the same to Raven. No two branches
are the same to Wren. If what a tree or a bush does is
lost on you, You are surely lost. Stand still. The forest
Knows where you are. You must let it find you.

Von den Ureinwohnern Amerikas
(deutsche Fassung von mir)

Gott spricht zu jedem nur

Gott spricht zu jedem nur,
eh er ihn macht,
dann geht er schweigend
mit ihm aus der Nacht.
Aber die Worte, eh jeder beginnt,
diese wolkigen Worte, sind:
Von deinen Sinnen hinausgesandt,
geh bis an deiner Sehnsucht Rand;
gib mir Gewand.
Hinter den Dingen wachse als Brand,
daß ihre Schatten, ausgespannt,
immer mich ganz bedecken.
Laß dir Alles geschehn:
Schönheit und Schrecken.
Man muß nur gehen:
Kein Gefühl ist das fernste.
Laß dich von mir nicht trennen.
Nah ist das Land,
das sie das Leben nennen.
Du wirst es erkennen
an seinem Ernste.
Gib mir die Hand.

Rainer Maria Rilke (1875 – 1926)

Diese Zeilen von Rilke sind zunächst kaum oder
nur sehr schwer verständlich. Vielleicht können

meine Gedanken helfen, dieses wunderbare Gedicht in seiner Tiefe zu erschließen.

Gott spricht zu jedem nur, eh er ihn macht,

Hier ist zum Ausdruck gebracht, daß Gott wie auch der Mensch in seinem Wesen dem angehören, was ewig ist. Ewig kommt von »ehe«-wig und meint das, was immer ist, das Sein jenseits von Raum und Zeit: das, was ist, »ehe« Raum und Zeit da sind – »ehe« Formen entstehen aus der Formlosigkeit erfüllter Leere.
Nur in der Ewigkeit spricht Gott zum Menschen.

dann geht er schweigend mit ihm aus der Nacht.

Die Ewigkeit liegt für unser menschliches Bewußtsein im Dunkeln, in der Nacht, das heißt im Unbewußten. Wenn Gott schweigend mit dem Menschen aus der Nacht geht, geht er mit ihm zusammen in die Helle des Tages, die Bewußtwerdung des Unbewußten hat ihren Anfang genommen.

Aber die Worte, eh jeder beginnt,
diese wolkigen Worte, sind:

Wolkige Worte sind nicht präzise definiert, sondern umhüllen ihre Bedeutung mit einem Nebel, der seine Gestalt fließend wandelt und dem Geist und der Phantasie des Hörers dieser Worte Spielraum läßt.

Von deinen Sinnen hinausgesandt,

Die Sinne gehören zum Menschen als Geschöpf, zu

dem, was vergänglich ist. Sie lassen im Menschen den Eindruck einer Grenze zwischen innen und außen entstehen und schaffen so die Grundlage dafür, daß die Aufmerksamkeit jedes Menschen zunächst nach außen wandert: Wir sind interessiert an der Welt, an der Bewältigung ihrer Herausforderungen.

geh bis an deiner Sehnsucht Rand;

Dabei entfernen wir uns von unserer Mitte – von dem, was wir eigentlich sind – bis die Sehnsucht nach der Mitte so stark geworden ist, daß sie uns eine Grenze setzt: endlich haben wir der Sehnsucht Rand erreicht und halten inne. Wie die Sehnen des Körpers der Kraftübertragung vom Muskel auf den Knochen und damit unserer äußeren Beweglichkeit dienen, so dient die Sehnsucht der Seele unserer inneren Bewegtheit: sie überträgt die Kraft vom Zentrum des wahren Selbst auf das Ich-Bewußtsein, das eingebildete Bild, das wir von uns selbst haben. Wenn wir uns nach der verlorenen Mitte sehnen, zieht es uns mit Macht zurück in Richtung Zentrum.

gib mir Gewand.

Es reicht nicht, Gewand nur als Bekleidung zu verstehen. Gewand enthält Wand als Bestandteil, und Wand leitet sich von wenden ab. Eine Wand zwingt uns dazu, unsere Bewegungsrichtung zu wenden.

Indem sich an der Sehnsucht Rand die Richtung unserer Aufmerksamkeit von außen nach innen wendet, geben wir dem Göttlichen, das uns innewohnt, Gewand.

Hinter den Dingen wachse als Brand,

Zwischen Gott und dem erschaffenen Menschen, also dem Menschen als Geschöpf, stehen die Dinge. Die Dinge sind die Objekte, alle Gegenstände unserer Wahrnehmung; Objekte nicht nur auf der physischen Ebene, sondern auch die Objekte unserer Vorstellung oder unseres Denkens. Wir Geschöpfe befinden uns aus Gottes Perspektive hinter den Dingen. Und dort fühlen wir schließlich die Sehnsucht wie ein Feuer, das in uns brennt, wie einen Brand, der nicht mehr zu löschen ist, immer größer wird und am Ende alles verzehrt.

daß ihre Schatten, ausgespannt,
immer mich ganz bedecken.

Der wachsende Brand ist es, der nicht nur einen Lichtschein wirft, sondern auch den Schatten der Dinge entstehen läßt. Für die menschliche Wahrnehmung bleibt das Göttliche verborgen im ausgespannten Schatten der Dinge.

Laß dir Alles geschehn: Schönheit und Schrecken.

Was auch immer unsere Erfahrung sei, es kommt darauf an, nicht davor zurückzuschrecken, sondern sich auf das einzulassen, was uns widerfährt.

Man muß nur gehen:

Jede Erfahrung, auf die wir uns voll und ganz eingelassen haben, bringt uns einen Schritt weiter.

Kein Gefühl ist das fernste.

Wenn wir glauben, bestimmte Gefühle lägen uns näher als andere, unterliegen wir einer Täuschung.

Laß dich von mir nicht trennen.

Auch solange wir uns als vom Ganzen getrennt erleben, unterliegen wir der Täuschung, einer Art optischer Täuschung. Es ist unsere Wahl, ob wir uns damit zufrieden geben, diesem Erleben Glauben schenken und uns als Folge davon subjektiv von Gott getrennt fühlen oder ob wir die Wahrheit herausfinden und in eigener Erfahrung überprüfen wollen.

Nah ist das Land, das sie das Leben nennen.

Das Leben ist uns näher als nah. Wie jemand, der den Wald vor lauter Bäumen nicht sieht, so nehmen wir vor lauter Dingen das Leben nicht wahr. Immer wieder verwechseln wir es mit den Lebensformen, die ja allesamt vergänglich sind. Doch obschon sich das Leben fortwährend in Formen offenbart und manifestiert, ist es selbst ohne Form.

Du wirst es erkennen an seinem Ernste.

Sobald wir dem Leben eine Form geben – und sei

es auch nur eine gedankliche Form – sei es auch nur einen kurzen Moment lang – hat das Konsequenzen, Folgen, die nicht mehr aufzuhalten sind, die wir früher oder später erfahren werden. Das ist der Ernst des Lebens.

Gib mir die Hand.

Indem wir Gott die Hand geben, spüren wir wieder die Verbindung zum Göttlichen, die in Wirklichkeit nie unterbrochen war, und lassen uns auf dem Lebensweg von dieser wunderbaren Kraft führen.

Rose, oh reiner Widerspruch

Rose,
oh reiner Widerspruch,
Lust,
Niemandes Schlaf zu sein
unter soviel Lidern.

Rainer Maria Rilke (1875 – 1926)

Auch diese Zeilen sind zunächst kaum zu verstehen.

Rilke hat in seinem Testament vom 27. Oktober 1925 dieses Gedicht zur Grabinschrift bestimmt. Es geht also um etwas, das ihm wesentlich ist und von dem er will, daß die Nachwelt darum weiß.

Wenn wir die Blütenblätter der Rose als ihre Augenlider auffassen, so hat sie viele, viele Lider, aber nur *ein* Auge, das unter so vielen Lidern wartet, warten muß, bis sie alle sich geöffnet haben. Hier können wir uns erinnert fühlen an das *eine* Auge Gottes oder auch an die innere Erfahrung des dritten Auges im Yoga.

Wer so viele Augenlider hat, dem liegt viel an einem ungestörten Schlaf, so könnten wir meinen und stoßen damit auf der Rose reinen Widerspruch.

Die Öffnung all ihrer Lider ist als das Erwachen ihres *einen* Auges zu verstehen. Dann erst kann sie ungehindert ihren betörenden Duft verströmen, ihre Essenz, die nun nicht mehr in ihrer Rosengestalt eingeschlossen oder an diese gebunden ist.

Stets ist Schlaf an eine Gestalt, an einen Körper gebunden: jemand (engl. some*body*) schläft, irgendein Körper schläft.

Lust, Niemandes Schlaf zu sein, meint also beides: die Lust, vollständig zu erwachen, zu 100 Prozent gegenwärtig und wach, also voll da zu sein, wie auch die Lust, in seiner Essenz vollkommen offen und nicht mehr an irgendeinen Körper gebunden zu sein: reines Bewußtsein ohne jede räumliche oder zeitliche Begrenzung.

Je nach religiösem oder weltanschaulichem Hintergrund kann das auch kosmisches Bewußtsein, Christus-Bewußtsein oder Buddha-Bewußtsein genannt werden.

Scheiden und Abschied nehmen

Scheiden tut weh. Der Schmerz erinnert mich daran, daß ich mein Herz an etwas gehängt habe, was vergänglich ist.

Jedem Abschied liegt der Vorgang des Abscheidens zugrunde. In der Chemie spricht man z.B. vom Abscheiden einer festen Substanz aus einer flüssigen Lösung. Bei Bäumen gibt es das Phänomen, daß die wachstumsaktive Schicht des Kambiums unter der Rinde nach innen hin Holzsubstanz abscheidet. Das liefert eine beeindruckende Metapher für den seelischen Vorgang des Abscheidens: die wertvollen nährenden Erfahrungen, die ich in einer liebevollen Beziehung sammeln durfte, bleiben als Erinnerung in mir und geben mir Halt und Standfestigkeit, auch wenn die Beziehung endet. Indem ich sie nach innen nehme, also im Herzen bewahre und allen Gefühlen, die damit einhergehen, zustimme und ihnen in meinem Leben Zeit und Raum gebe, nehme ich Abschied.

Andacht

Andacht in seiner ursprünglichen Bedeutung kommt in unserer abendländischen Tradition vielleicht dem am nächsten, was mit Meditation gemeint ist. Bei dem Wort »Andacht« ist der Bezug zu »denken an« unverkennbar (ich denke, dachte, habe gedacht – der Wortteil »dacht« deutet auf die vollendete Vergangenheitsform hin). Wenn wir »*an*« das Göttliche oder eine seiner Erscheinungsformen »*gedacht haben*« – und dieses Denken vollendete Vergangenheit geworden ist, also gänzlich aufgehört hat – dann kehrt im Geist ein Zustand ein, der eigentlich gemeint ist, wenn wir von Andacht sprechen. Wir könnten ihn auch Meditation nennen, das ist egal. Dieser Zustand zeichnet sich aus durch wache Aufmerksamkeit, Inbrunst und Ehrfurcht.

Hinwendung und Abwendung

Merkwürdig! Wie die Meditierenden im Zen einander den Rücken zukehren und sich der Wand zuwenden, als sei das Göttliche nur in der Abwendung vom zwischenmenschlichen Kontakt zu finden. Meine Erfahrung ist anders: das Göttliche grüßt uns in der wahrhaftigen Begegnung zwischen Ich und Du.

Absicht und Intention

Eine Absicht zu haben, heißt, von der Vielfalt der ganzen Wirklichkeit *abzusehen*.

Daher führt mich jede Absicht – unvermeidlich – hinein in einen partiellen Realitätsverlust: mein Sinn hat sich verengt auf das, was ich erreichen will. Ich bin nicht mehr vollkommen offen für die Möglichkeiten des Augenblicks, nicht mehr unbefangen und arglos. Wenn etwas geschieht, das meine Absicht zu stören oder zu durchkreuzen scheint, ärgert es mich.

Intention (lat. intentio = Anspannung auf etwas hin) beleuchtet einen anderen Aspekt desselben Phänomens. Geist und Gemüt geraten in einen Zustand der Anspannung, wiederum weil ich den Lauf der Dinge in bestimmter Weise beeinflussen will.

In der Seele erzeugen Absicht und Intention einen subtilen oder manchmal auch massiven Druck, der nach dem Gesetz der Polarität zwangsläufig einen

Gegendruck, eine Gegenkraft, hervorruft. Weil diese Gegenkraft ja der Absicht und Intention zuwiderläuft, bekommt sie im Bewußtsein keinen Platz und taucht somit ins Unterbewußtsein ab.

Störungen und Widerstände sind also in uns selbst – als Folge unserer Absicht bzw. unserer Intention. Da wir sie aber aus unserem Bewußtsein verbannt haben, erleben wir sie als von außen kommend. Der unterbewußte Widerstand wird auf die Außenwelt projiziert.

Ostern

Das Osterfest ist älter als das Christentum. Vom Ursprung des Wortes her hat Ostern mit Osten und der im Osten erscheinenden Morgenröte zu tun: das Licht, das die Nacht beendet; aber auch das Licht, das der dunklen Jahreszeit ein Ende setzt – die Feier des Frühlings und der Überwindung des Todes durch das Leben.

So wie die Sonne im Osten aus der Verborgenheit der Nacht wieder aufsteigt, so aufersteht das Licht des sich selbst erkennenden Bewußtseins aus dem Dunkel des Unbewußten.

Der Weg, den Jesus Christus und die anderen von

Weisheit und göttlichem Feuer durchdrungenen Männer und Frauen aus allen Religionen und zu allen Zeiten gezeigt haben, ist im Prinzip immer der gleiche: eine Geistes-Haltung zu erwerben und in jeder Situation zu bewahren, in der ich mich öffne für das, was da ist. Nicht Vorstellungen, die sich auf Vergangenheit oder Zukunft beziehen, erfüllen den Geist, sondern nur die Gegenwart des ewigen Hier und Jetzt. Diese Haltung erlaubt es mir, mich auch auf die Dunkelheit einzulassen, das heißt, auch für das zu öffnen, was noch im Dunkel liegt und darauf zu vertrauen, daß das Licht kommt.

Der Weg zur Befreiung des menschlichen (das heißt hier vor allem: des beschränkten) Bewußtseins aus allen Fesseln und sein Aufstieg zum allumfassenden göttlichen Bewußtsein – das heißt Auferstehung – ist ein langer Prozeß der schrittweisen Annahme unserer körperlichen und seelischen Befindlichkeit einschließlich alter Verletzungen und ungestillter Bedürfnisse und der Umwandlung der hinderlich gewordenen alten Muster. Versteht man unter dem »alten Adam« die Gesamtheit der Prägungen, also die Charakter- und Persönlichkeitsstruktur, so muß der »alte Adam« tatsächlich sterben – und zwar in freiwillig getroffener Entscheidung.

Erst wenn die Zeit hinter uns liegt, in der wir vermieden haben, was an Gefühlen und Bildern in uns aufsteigt, wenn wir endlich bereit sind, uns erschüttern und mitnehmen zu lassen von allem, was in unser Bewußtsein kommt, werden wir schließlich des Unzerstörbaren und Unwandelbaren gewahr.

Ego und Selbst – falscher und wahrer König

Eine Unterscheidung, die ich für notwendig und sinnvoll halte, ist die Unterscheidung zwischen dem Egoismus, der Tyrannei des Ich, und dem, was oft etwas ungenau als „gesunder Egoismus" bezeichnet wird.

Mit den Worten des 70-jährigen Charlie Chaplin:

> „Als ich mich selbst zu lieben begann, habe ich mich von allem befreit, was nicht gesund für mich war, von Speisen, Menschen, Dingen, Situationen und von allem, das mich immer wieder hinunterzog, weg von mir selbst. Anfangs nannte ich das »Gesunden Egoismus«, aber heute weiß ich, das ist »Selbstliebe«."

Das Ich oder das Ego ist eine Ansammlung teils bewußter, teils unbewußter Identifizierungen mit bestimmten Vorstellungen, Vorlieben, Abneigungen und Werturteilen, die dann unser Denken, Fühlen und Verhalten beeinflussen bzw. steuern, auch wenn das in der jeweiligen Situation oft nicht angemessen ist und nicht im Einklang steht mit unserer Seele. Der von Sigmund Freud eingeführte Begriff des Über-Ich bezeichnet jene innere Instanz, die dem Menschen Vorschriften macht, was er zu tun und zu lassen hat (die Gesamtheit aller „Du sollst", „Du mußt", „Du darfst nicht", „Du sollst nicht"). Auf treffliche Weise bringt dieser Begriff beides zum Ausdruck, nämlich daß das Über-Ich eine dem Ich übergeordnete Instanz zu sein scheint (eine Art Gott) und daß es doch nur ein Teil des Ich, des Ego ist.

Wenn sich im Königreich der menschlichen Seele das Über-Ich auf den Thron gesetzt hat und sich als König aufspielt, so sitzt somit das Ich, das Ego, auf dem Thron. Doch stets ist das Ich ein verblendeter Tyrann, es ist nicht der wahre König. In der mythologischen Symbolik trägt der falsche König die nach oben geschlossene Krone, die gleichnishaft zum Ausdruck bringt, das der Zugang zur Unendlichkeit des Himmels versperrt ist.

Das Ich (und mithin auch das Über-Ich) „existiert" nur auf der Ebene des Denkens, also im Kopf, wie eine Seifenblase, also als Illusion, wirkt sich allerdings – solange wir in dieser Illusion befangen sind – auf alle anderen Ebenen aus.

Der wahre König ist das im Herzen beheimatete Fühl- und Einfühlungsvermögen der Seele, die Fähigkeit, jede Situation fühlend wahrzunehmen, Mitgefühl mit allen Wesen zu empfinden und allem mit bedingungsloser Liebe zu begegnen. Nur das Herz vermag die Grenzen zwischen Ich und Du oder zwischen Ich und Nicht-Ich aufzuheben. In der mythologischen Symbolik trägt der wahre König die nach oben konisch geöffnete Krone, die gleichnishaft die Offenheit für die Unendlichkeit des Himmels zum Ausdruck bringt.

Erst wenn diese Fähigkeit, die dem Herzen innewohnt, von allen Fesseln und Einschränkungen befreit ist, die Kopf und Denken dem Herzen auferlegt haben, kann sich die Liebe frei entfalten – sowohl als Selbstliebe wie auch als Nächstenliebe. Der wahre König sitzt wieder auf seinem Thron.

Befreite Sicht auf alte Gebote

Wenn ein 4- oder 5-jähriges Kind Regeln gelernt hat (z.B. Verkehrsregeln: bei roter Fußgänger-Ampel stehen bleiben und warten), ist es in deren Anwendung und Auslegung rigoros. Flexibler Umgang mit Regeln erscheint ihm als Regelbruch oder anarchistischer Angriff auf die Ordnung. In seinem Verständnis, das diesem Entwicklungsalter durchaus gemäß ist, müssen sich alle Menschen den gelernten Regeln unterwerfen und sie strikt befolgen, damit die Ordnung erhalten bleibt. Später lernt das Kind, dieses Regelverständnis wieder zu relativieren und Regeln flexibler der Situation entsprechend auszulegen. Erst eine gewisse geistige Reife ermöglicht, Regeln als Hilfestellung zu sehen: im Dienst der Menschen und ihres Zusammenlebens.

Auch auf der Ebene kollektiver Bewußtseinsentwicklung spiegelt sich geistige Unreife oder Reife im Verständnis und im Umgang mit Regeln wider. Die 10 Gebote sind auch als Regeln zu verstehen, denen sich die Menschen unterwerfen und die sie strikt einhalten sollen – oder als Hilfestellung, als Wegweiser in unübersichtlichem Gelände, die dem Menschen dienen.

Der von Sigmund Freud eingeführte Begriff des Über-Ich bezeichnet die innere Instanz eines jeden Menschen, die ihm Vorschriften macht, was er zu tun und zu lassen hat (die Gesamtheit aller „Du sollst", „Du mußt", „Du darfst nicht", „Du sollst nicht"). Werden die 10 Gebote als Regelsatz dem

Über-Ich einverleibt, so dienen sie nicht dem Menschen und seiner spirituellen Befreiung, sondern werden ein Teil im System seiner Versklavung.

1. Ich bin der HERR, dein Gott, der ich dich aus Ägyptenland, aus der Knechtschaft, geführt habe. Du sollst keine anderen Götter haben neben mir.

2. Du sollst dir kein Bildnis noch irgendein Gleichnis machen, weder von dem, was oben im Himmel, noch von dem, was unten auf Erden, noch von dem, was im Wasser unter der Erde ist: Bete sie nicht an und diene ihnen nicht! Denn ich, der HERR, dein Gott, bin ein eifernder Gott, der die Missetat der Väter heimsucht bis ins dritte und vierte Glied an den Kindern derer, die mich hassen, aber Barmherzigkeit erweist an vielen Tausenden, die mich lieben und meine Gebote halten.

3. Du sollst den Namen des HERRN, deines Gottes, nicht missbrauchen; denn der HERR wird den nicht ungestraft lassen, der seinen Namen missbraucht.

4. Gedenke des Sabbattages (Ruhetages), dass du ihn heiligest. Sechs Tage sollst du arbeiten und alle deine Werke tun. Aber am siebenten Tage ist der Sabbat (Ruhetag) des HERRN, deines Gottes. Da sollst du keine Arbeit tun, auch nicht dein Sohn, deine Tochter, dein Knecht, deine Magd, dein Vieh, auch nicht dein Fremdling, der in deiner Stadt lebt. Denn in sechs Tagen hat der HERR Himmel und Erde gemacht und das Meer und alles, was darinnen ist, und ruhte am siebenten Tage. Darum segnete der HERR den Sabbattag und heiligte ihn.

5. Du sollst deinen Vater und deine Mutter ehren, auf dass du lange lebest in dem Lande, das dir der HERR, dein Gott, geben wird.

6. Du sollst nicht töten.

7. Du sollst nicht ehebrechen.

8. Du sollst nicht stehlen.

9. Du sollst nicht falsch Zeugnis reden wider deinen Nächsten.

10. Du sollst nicht begehren deines Nächsten Haus. Du sollst nicht begehren deines Nächsten Weib, Knecht, Magd, Rind, Esel noch alles, was dein Nächster hat.

2. Mose, Kapitel 5, Vers 6-21 (Lutherbibel)

Bei der Lektüre der von Moses überlieferten Gebote ist allerdings die rigorose Schwingung des Über-Ich unüberhörbar. Was Moses in seinem Bewußtsein als göttliche Eingebung empfangen hat, drückt beides aus: den göttlichen Impuls und die Begrenzung seines menschlichen Bewußtseins, das offensichtlich von einem rigiden Über-Ich bestimmt war. Doch ist zu vermuten, daß die Begrenzung seines individuellen Bewußtseins der damals allgemein vorherrschenden Entwicklungsstufe des kollektiven Bewußtseins entsprach.

Die nützliche Seite der Gebote kann überhaupt erst gesehen werden, wenn die Herrschaft des Über-Ich innerhalb der menschlichen Persönlichkeit ein Ende gefunden hat. Erst dann können wir realisieren, daß sie als wertvolle Hinweise im Dienst der spirituellen Befreiung zu verstehen sind. Ähnlich den Naturgesetzen, in denen die Erkenntnis physikalischer Forschung formuliert ist, bringen sie lediglich Gegebenheiten zum Ausdruck, die unabhängig von ihrer Beachtung oder Nichtbeachtung gültig sind. Die Nichtbeachtung dieser spirituellen Richtlinien, die leider in Gebotsform verfaßt und überliefert wurden, führt hinein in angstbestimmte Vorstellungswelten, in die der Mensch sich dann immer tiefer verstrickt.

Zum 1. Gebot:

Die Knechtschaft Ägyptens kann symbolisch verstanden werden als das Gefangensein im magischen Bewußtsein (vom lateinischen imago = Bild: im magischen Bewußtsein wirken die in der Seele aufgenommenen Bilder unmittelbar, also unreflektiert). *Ich bin* – reine Bewußtheit oder offene Aufmerksamkeit an sich ist der *Herr*, ist das *Göttliche* in jedem Menschen. Nichts anderes sollen wir für das *Göttliche* halten.

Zum 2. Gebot:

Bildnisse sind Vorstellungen, die der menschliche Geist sich macht, um das Unfaßliche zu fassen, um das Unbegreifliche zu begreifen. Ein Versuch, der nicht nur scheitern muß, sondern direkt hineinführt in die Verehrung dieser falschen Vorstellungen. Die Aufmerksamkeit ist nicht mehr rein und offen dem Unfaßlichen zugewandt, sondern auf die Vorstellung, auf das im Bild Erfaßte gerichtet. Es ist eine spirituelle Verirrung, die als falsche geistige Orientierung bis in die dritte und vierte Generation weitergegeben wird.

Zum 3. Gebot:

Mißbrauch des Namens findet in dem Moment statt, in dem wir in unserem Geist dem »*Ich bin*« ein Attribut hinzufügen, das die *göttliche Offenheit* und *Unendlichkeit* begrenzt und einschränkt.

Zum 4. Gebot:

Den siebenten Tag als Ruhetag zu heiligen, heißt ihn frei zu halten von weltlichen Zwecken oder Verpflichtungen und in dieser Zeit die ganze Aufmerksamkeit dem *Ungeteilten* zu schenken, in dem wir das Heile und Heilige erfahren können, *Stille* und *Ruhe*, die *Schönheit* der Natur, die *Freude* des Augenblicks – ungestört auch von jeglicher Aktivität des Denkens.

Zum 5. Gebot:

Hier geht es einfach darum, der Wahrheit die Ehre zu geben: durch Vater und Mutter bin ich in diese Welt gekommen. Ihre Liebe und Fürsorge haben offensichtlich ausgereicht, daß ich überleben und heranwachsen konnte und daß ich schließlich selbständig und eigenverantwortlich auf meinem Lebensweg weitergehen kann.

Zum 6. Gebot:

Es gibt nur *ein* Leben, daß sich in unzähligen verschiedenen Formen manifestiert. Dieses *eine* Leben ist ewig und kann nicht getötet werden, nur Lebensformen können getötet oder verletzt werden. Das *eine* Leben fühlt Schmerz bei solchen Handlungen. Das Herz als Zentrum unserer Fühlfähigkeit fühlt im Moment seiner vollständigen Öffnung den Schmerz der ganzen Welt.

Zum 7. Gebot:

Ehebruch ist primär ein geistiges Geschehen und kann sogar in der sexuellen Vereinigung mit dem Ehepartner geschehen, wenn beispielsweise der Mann dabei an eine andere Frau denkt. Ehebruch im tiefsten Sinn ist eigentlich der Treuebruch gegenüber dem *göttlichen* Kern, sobald sich Inbrunst in Brunst verwandelt, in geschlechtliche Erregtheit, die sich auf ein Objekt der Begierde bezieht und damit die Sehnsucht nach Verschmelzung und Einssein an Vergänglichem festmacht. Nicht das Erscheinen sexueller Erregung ist der Knackpunkt, sondern die Identifizierung mit dieser Erscheinung.

Zum 8. Gebot:

Diebstahl ist Ausdruck der Überzeugung, daß mir irgendetwas fehle, was Eigentum eines Anderen sei. Dadurch identifiziert sich das *unendliche spirituelle Wesen*, das *ich bin*, mit seiner endlichen Form: Begrenzung wird nun zu *seiner* Begrenzung.

Zum 9. Gebot:

Wahrheit ist in der Welt immer relative Wahrheit,

die nur in einem bestimmten Bezugsrahmen und nur in einem bestimmten Augenblick gültig ist. Wahrhaftig kann ich also nur Zeugnis ablegen für den jeweiligen Augenblick. Alles, was darüber hinausgeht, ist schon *Über*-zeugung, also eine Überreaktion, eine unzulässige Verallgemeinerung, die mich in Irrtum und Täuschung hineinführt.

Zum 10. Gebot:

Wie schon oben erwähnt, läßt mich jeder Wunsch ein Stück mehr vergessen, wer ich in Wahrheit bin.

Zu guter Letzt sei noch darauf hingewiesen, daß die Reihenfolge der Gebote auch eine Rangordnung ihrer Priorität darstellt.

»Bruder Esel«

Franz von Assisi (1181-1226) nannte den menschlichen Leib »Bruder Esel«. Ohne Zweifel war diese Bezeichnung nicht geringschätzig oder abwertend zu verstehen. Es ist bekannt, wie achtsam und liebevoll er mit allen Tieren Umgang pflegte. Der Esel war das Transportmittel armer Leute. Jesus ritt auf einem Esel, als er im Gefolge seiner Jünger in Jerusalem einzog.

Es ist der menschliche Körper, der für die Entwicklung des Bewußtseins Träger und Transportmittel ist. Allumfassendes kosmisches Bewußtsein erreichen wir weder durch Abspaltung vom Körper noch durch Geißelung und Unterdrückung körperlicher Bedürfnisse und Impulse, aber auch nicht durch eine Überhöhung im seelenlosen Körper-Kult des heutigen Zeitgeistes. Sri Sathya Sai Baba drückte es einmal so aus: „Dein Körper – das bist Du. Aber Du bist nicht Dein Körper!"

Stets drückt sich im Körper *beides* aus: der *Wegweiser*, der seine Impulse aus der Tiefe der Seele empfängt und uns führen kann auf dem Weg zum kosmischen Bewußtsein *und* der *Widersacher*, das Ich-Bewußtsein, das aus der Begrenzung des Ego seine enge Perspektive absolut setzt und sich dem widersetzt, was von selbst kommt. Jede Anspannung im Körper, jedes Symptom, spiegelt diesen Konflikt wider. Der Leib ist wie ein offenes Buch. Wir müssen allerdings verstehen, darin zu lesen. Nur will auch dieses Lesen gelernt sein.

Vgl. dazu: Ekkehard Ortmann: Der tiefste Grund ist Grund zur Freude, insbesondere die Kapitel 2 und 5.

Unsere Mitwirkung
im schöpferischen Prozeß des Lebens

1. Wünsche

Vielleicht denken Sie als Leserin oder Leser bei dem Thema daran, etwas über Strategien und Praktiken zu erfahren, wie man erwünschte Änderungen in seinem Leben herbeiführen kann, z.B. durch Affirmationen, positives Denken oder durch Anwendung des Gesetzes der Anziehung mit Hilfe freudiger Erwartung. „Spirituelle Wunscherfüllung" wird das manchmal genannt und ist doch nur Ausdruck davon, daß das Ego glaubt, sich die Allmacht des Göttlichen zunutze machen zu können. Solche Erwartungen muß ich enttäuschen, weil sie auf fundamentaler Täuschung beruhen.

In Michael Endes unendlicher Geschichte, seinem berühmten Märchenroman, gibt es ein magisches Amulett, das mit der Macht ausgestattet ist, jeden Wunsch seines Trägers sofort zu verwirklichen. Mit jedem erfüllten Wunsch vergißt der Träger des Amuletts allerdings ein Stück mehr, wer er in Wahrheit ist.

Damit hat Michael Ende in genialer Weise auf den Punkt gebracht, welche Wirkung Wünsche und ihre Erfüllung auf das Unterbewußtsein des Menschen haben.

Jeder Wunsch entsteht aus einer bewußten oder unbewußten Ablehnung des gegenwärtigen Moments.
Die Aufmerksamkeit wird dabei nach außen ge-
lenkt, statt zu schauen, welches innerlich erlebte
Gefühl der Ablehnung zugrundeliegt. Der Mensch
tut so, als ob die äußere Situation für sein Gefühl
verantwortlich sei, als ob das Gefühlsleben und in
der Folge auch das Verhalten von außen gesteuert
sei wie bei einer Marionette. Jeder Wunsch geht
mit der Suggestion des denkenden Geistes einher,
daß Zufriedenheit und Glück von der Wunscherfüllung abhängig sei. Und – was noch viel grundlegender ist – daß dem Wünschenden Zufriedenheit
und Glück als das Gewünschte fehle. Das setzt vor-
aus, daß der Wünschende nicht allumfassend, sondern begrenzt, also mit seiner begrenzten Körper-
form identisch sei. So vergißt die Seele mehr und
mehr ihre wahre grenzenlose Identität und identifiziert sich mit der begrenzten Form.

2. Das Werden oder
   der schöpferische Prozeß des Lebens

Wie kommt etwas aus dem Land der unbegrenzten
Möglichkeiten, nennen wir es HIMMELREICH oder
den GÖTTLICHEN GEIST, durch den schöpferischen
Prozeß des Lebens in die physische Existenz? In der
Weisheitstradition des alten China gibt es einen
berühmten Text, der in wunderbarer Klarheit und
Prägnanz diesen Prozeß beschreibt:

Achte auf Deine Gedanken,
denn sie werden zu Gefühlen.
Achte auf Deine Gefühle,
denn sie werden zu Worten.*
Achte auf Deine Worte,
denn sie werden zu Handlungen.
Achte auf Deine Handlungen,
denn sie werden zu Gewohnheiten.
Achte auf Deine Gewohnheiten,
denn sie werden Dein Charakter.
Achte auf Deinen Charakter,
denn er wird Dein Schicksal.

Weisheit aus unbekannter Quelle; Charles Reade hat zu ihrer Verbreitung verholfen; wird einem Sprichwort aus China (oft auch fälschlicherweise dem Talmud) zugeschrieben.
* In den meisten überlieferten Versionen bleiben die Gefühle als wichtiges Zwischenglied unerwähnt.

Immer wieder sind wir geneigt, mit der ganzen Aufmerksamkeit nach draußen in die Welt zu schauen, zu sehen, zu hören, zu riechen, zu schmecken, was in der Welt zu erfahren ist und – in dieser einseitigen Ausrichtung nach außen – nicht zu merken, was in uns vorgeht. Der zitierte Text weist uns daraufhin, daß der Schlüssel zu dem, was in unserem Leben passiert, in uns liegt, nicht außerhalb.

Der schöpferische Prozeß, an dem jeder Mensch mitwirkt – sei er sich dessen nun bewußt oder nicht, beginnt immer mit Geistesinhalten, mit etwas, das im Geist des Menschen Gestalt annimmt. Am Anfang stehen dabei Gedanken und Gefühle. Es ist erstaunlich, wie leichtgläubig wir Menschen unseren eigenen Gedanken und Gefühlen gegenüber sind; ungeprüft halten wir sie für wahr.

Wie im Zitat angedeutet, geht es nicht um ein generelles Mißtrauen den eigenen Gefühlen und Gedanken gegenüber oder um ihre Kontrolle, sondern um Bewußtheit, um fühlendes Erkennen.

3. Die Intelligenz des Geistes

Die Intelligenz des vollkommen stillen und ruhenden Geistes ist reine Präsenz, wache Aufmerksamkeit ohne Fokus, ohne zeitliche oder räumliche Grenzen.

Erst wenn der Geist sich in den von Raum und Zeit aufgespannten Rahmen begibt, driften weiblicher und männlicher Aspekt seiner Intelligenz als Fühlen und Denken auseinander:

Im Fühlen öffnen wir uns auf der Gemütsebene für energetische Schwingungen, wir schwingen mit dem uns umgebenden Energiefeld mit. Wenn sich im Fühlen etwas verdichtet und Gestalt annimmt, entstehen Gefühle. Das Fühlen ist dem Eintauchen in klares Wasser vergleichbar, die Gefühle können als Eintrübung des Wassers durch weitere Verdichtung und Entstehung kleinster Schwebteilchen verstanden werden.

Im Denken können Schwingungen auf mentaler Ebene widergespiegelt werden, auch wenn wir auf der Gemütsebene verschlossen bleiben. Dabei können Gedanken, Bilder, geistige Vorstellungen als Verdichtungen auf mentaler Ebene aufgefaßt werden. Denken ist dabei der Luft vergleichbar, die von unsichtbarem Wasserdampf erfüllt ist. Gedanken sind den Wolken vergleichbar, die durch Kondensation des Wasserdampfs entstehen.

Im Zusammenwirken dieser beiden Formen des Umgangs mit Schwingung wird die schöpferische Kraft des Geistes fruchtbar. Gedanke und Gefühl gemeinsam rufen der Gefühlsintensität entsprechend in kürzerer oder längerer Zeit eine physische Entsprechung hervor.

4. Wahrheit und ihre Quelle

Wie können wir nun prüfen, ob ein Gefühl oder ein Gedanke mit der Wahrheit übereinstimmt? Diese Frage ist eine Variation der Frage nach der Quelle: Woher kommen die Gefühle und Gedanken, welchem Bereich entstammen sie?

Wie oben schon angedeutet, können wir in der inneren Erfahrung grundsätzlich zwei Bereiche unterscheiden:

I. Der Bereich vollkommener Ruhe und Stille, der jedem Menschen prinzipiell zugänglich ist, wenn alle Aktivität im Geist zur Ruhe kommt (Ewigkeit, Himmelreich, Geist in der Einheit). Hier ist das Reich der absoluten Wahrheit. Denken und Fühlen können sich diesem Bereich lediglich bis zum Eingangstor annähern und von dort Botschaften in Empfang nehmen. Dabei werden sie für uns zu Boten, zu Briefträgern, zu Zuträgern, die eine Botschaft ins Bewußtsein bringen.

Das Fühlen ist wie Aufenthalt in völlig reinem, ungetrübtem, klarem Wasser, es hat eine erfrischende und erhabene Qualität. Das Denken ist still und wie das Schauen in einen wolkenlosen klaren blauen Himmel.

II. Der Bereich der Unruhe und Bewegung, der Erscheinungen in Zeit und Raum, der ebenfalls jedem Menschen zugänglich ist (Welt, Erde in Raum und Zeit; Geist in der Dualität). Hier ist die Domäne des Denkens und Fühlens; in einem fortlaufenden Prozeß entstehen im Geist Formen, die sich im Denken als Gedanken, im Fühlen als Gefühle zeigen. Gefühle und Gedanken bieten sich uns als Wegführer zur Bewältigung des Lebens an. Da sie jedoch aus der Unruhe geboren sind, können sie uns nur tiefer in die Unruhe hineinführen.

Irren ist menschlich und im Denken ebenso wie im Fühlen möglich.

Gedanken können in einer gegebenen Situation wahr oder falsch sein. Ist ein Gedanke wahr, so heißt das allerdings nicht, daß Wahrheit in ihm ist, sondern nur, daß sich die Wahrheit dieser Situation in ihm widerspiegelt. Wahrheit ist immer außerhalb des Gedankens wie auch jeder Gedanke außerhalb der Wahrheit ist.

Ebenso können Gefühle in einer bestimmten Situation angemessen sein und stimmen oder auch nicht. Im ersten Fall sind sie mit Wahrheit in Resonanz, in Übereinstimmung, im zweiten Fall sind sie es nicht.

Im II. Bereich, also der Welt, gibt es nur relative Wahrheit, deren Gültigkeit stets vom Bezugsrahmen abhängig ist.

„Achte auf Deine Gedanken und Gefühle" heißt somit auch:

Achte darauf, ob sie Dich der Wahrheit näher bringen oder Dich weiter von ihr entfernen.

Fühlend können wir erkennen, wenn unsere Gedanken etwas von Wahrheit widerspiegeln: wir fühlen Erleichterung, Frieden, Ruhe, Weite.

Denkend können wir erkennen, ob unsere Gefühle der gegebenen Situation entsprechen und stimmen oder einem anderen Kontext entstammen und deshalb in dieser Situation unangemessen sind.

Für die Wahrheitsfindung sind wir nicht nur auf beides, nämlich Fühlen und Denken, angewiesen, sondern auch darauf, daß wir alle Beschränkungen aufgeben, die wir ihnen auferlegt haben. Verdrängte Gefühle und Denkverbote hindern uns daran, die Wahrheit zu erkennen.

5. Selbstbild oder Bewußtwerdung des wahren Selbst

In meiner Welt ist der Dreh- und Angelpunkt für alle Gedanken und Gefühle das unbewußte Bild, das ich von mir selbst habe (Selbstbild oder falsches Selbst). Als Mensch in diese Welt hineingeboren, erlebe ich mich als ein Ich, getrennt vom Ganzen, als Einzelwesen, das sich vom Göttlichen abgesondert (Ur-Sünde) glaubt mit der unvermeidlichen Konsequenz grundlegender Existenzangst.

Für jeden Menschen ist es der Erfahrungsweg des eigenen Schicksals, der ihn dahin führt, sich als Kind des Himmels, des Unendlichen, als Kind Gottes zu erkennen. Erst wenn wir das damit einhergehende Urvertrauen wiedererlangt haben, sind auch Denken und Fühlen aus der Einengung auf die Perspektive eines begrenzten Ich-Bewußtseins befreit.

Mit wacher Aufmerksamkeit können jedes Gefühl und jeder Gedanke daraufhin überprüft werden, aus welcher Quelle sie stammen, aus der Endlichkeit und der Angst als ihrer unvermeidlichen Folge (II) – oder aus der Unendlichkeit und der Liebe als allgegenwärtiger kosmischer Kraft (I).

Fazit: Das Leben dreht sich nicht um das, was ich mir wünsche, sondern um die Bewußtwerdung dessen, was ich in Wahrheit bin.

Urlaub

Urlaub – das meint die ursprüngliche Erlaubnis, eine Art Ur-Erlaubnis, so zu sein, wie ich eigentlich bin – jenseits aller Anstrengung und Bemühung, ein bestimmtes Bild aufrechtzuerhalten. Es gibt eine tiefe Sehnsucht in uns nach Urlaub in diesem Sinn: einfach sein, ohne Ansprüchen genügen zu müssen. Offensichtlich ist das nicht gebunden an äußere Umstände, schon gar nicht an eine bestimmte geografische Umgebung.

Es sind nicht nur die Ansprüche hinderlich, wie ich glaube sein zu sollen oder nicht sein zu dürfen. Jeder Mensch hält sich für jemand, der er in Wahrheit gar nicht ist. Da dieses falsche Selbstbild nicht mit Wirklichkeit übereinstimmt, muß sich ein jeder permanent gegen die Wirklichkeit abschirmen, um das Selbstbild zu schützen. Eine unbewußte Tätigkeit voller Anstrengung, die Urlaub vereitelt.

Über das Grauen

Als Kind habe ich erste Bekanntschaft mit dem Grauen gemacht, doch legte sich später ein Mantel des Vergessens darüber. Während meiner Zeit als Student schaute ich mir Stanley Kubricks Film „Clockwork Orange" an. Danach träumte ich zwei Wochen lang jede Nacht von diesem Film und spürte die Atmosphäre des Grauens. Später erweckten Filmaufnahmen oder auch Fotos von Auschwitz das Grauen in mir.

Grauen als Phänomen menschlichen Erlebens, als innere Erfahrung, gehört zu jenen Erfahrungen, die wir fürchten und denen wir – solange wie möglich – aus dem Wege gehen. Nur wenige Menschen haben sich dem Erleben des Grauens wirklich gestellt, nicht nur flüchtig hingeschaut, sondern es vorurteilsfrei und mit Akribie betrachtet. Imre Kertész (Roman eines Schicksallosen) gehört wohl zu diesen wenigen.

Wie so oft kann uns unser sprachliches Erbe, die

deutsche Sprache, mit ihrer Differenziertheit und der ihr innewohnenden Weisheit auf die Sprünge helfen, wenn wir uns daran begeben, ein Phänomen geistig zu durchdringen. Grauen ist eben etwas anderes als Entsetzen oder Panik. Der Einschlag einer englischen Fliegerbombe auf einem mit Schutz suchenden Menschen überfüllten Hochbunker gegen Ende des zweiten Weltkriegs in Bremen löste bei den Betroffenen Panik und Entsetzen aus, aber kein Grauen. Grauen geht noch tiefer. Grauen empfinden wir, wenn wir auf die in den Konzentrationslagern zu Bergen aufgetürmten abgemagerten menschlichen Leichen blicken und unser Herz nicht sofort in Abwehr verschließen.

Sprachlich leitet sich Grauen von grau ab, also der farblosen Zwischenstufe zwischen schwarz und weiß. In einer für das menschliche Gemüt neutralen Form begegnet uns das Grauen im Morgengrauen, dem Übergang von der Dunkelheit der Nacht zur Helle des Tages. Grau – und damit auch Grauen – haben also einen Bezug zum Licht.

Zerlegt man das weiße Sonnenlicht in einem ersten Schritt mit Hilfe eines Spektrums in die Farben des Regenbogens und fügt man dann in einem zweiten Schritt die so erhaltenen Spektralfarben in einem gemeinsamen Fokus wieder zusammen, so erhält man wieder das weiße Sonnenlicht.

Nimmt man nun aus der Farbpalette eines Malers

alle im Regenbogen enthaltenen Farben, fügt sie zusammen – jede in gleicher Dosis – und vermischt sie, so erhält man als Ergebnis grau. Jede Malerfarbe reflektiert nur *die* Frequenzen des Sonnenlichts, in der sie uns erscheint, alle anderen Frequenzen werden – wie von dem sprichwörtlichen Bermuda-Dreieck – verschluckt. Mischt man nun die verschiedenen Malerfarben, so verschluckt jede Farbe die von den anderen Farben reflektierten Frequenzen, die sie selber ja nicht reflektiert. Als „Mischfarbe" müßte also eigentlich schwarz entstehen. Da aber keine Malerfarbe den fließenden Frequenzverlauf einer einzelnen Farbe des Regenbogens exakt widerspiegelt, kommt es – vermutlich aufgrund der Abweichungen – zum Grau als Ergebnis.

Alle Naturphänomene unterliegen einer ordnenden Kraft; das griechische Wort Kosmos bedeutet schlicht: Ordnung. Sowohl die Zerlegung des Sonnenlichts wie auch seine Zusammenfügung sind bestimmt von der Präzision der Naturgesetze, das Ergebnis bringt als weißes Sonnenlicht oder als Regenbogen jeweils Vollkommenheit zum Ausdruck. Zusammenfügung und Vermischung der Malerfarben bringen hingegen etwas zum Ausdruck, dem die Vollkommenheit dieser in der Natur wirksamen Gesetzmäßigkeit zu fehlen scheint, grau als Zwischenphänomen.

In Übereinstimmung mit der modernen Physik können wir vermuten, daß der gesamte Kosmos aus dem Licht hervorgegangen ist. Licht ist in unserer inneren Erfahrung ein Symbol für Liebe. Wir zünden eine Kerze an, wenn wir in Liebe eines Menschen gedenken. Das Universum dehnt sich – wiederum nach den Erkenntnissen der modernen Physik – mit Lichtgeschwindigkeit aus. Auch die Liebe eines offenen menschlichen Herzens dehnt sich auf alles aus, was in ihren Blick kommt und überschreitet dabei alle Grenzen.

Mit der ordnenden Kraft des Universums ist gemeint, „was die Welt im Innersten zusammenhält" (Goethe, Faust I), nennen wir es nun LIEBE oder LICHT. Wo sie vollständig zu fehlen scheint, breitet sich Grauen aus, eine Welt ohne jede Liebe – das ist die Mitte der Hölle, ein grauenvoller Ort.

Wenn auch alle Erscheinungen, die den Eindruck einer vollständigen Abwesenheit dieser Kraft in uns hervorrufen, zu den vergänglichen Phänomenen und damit zu den Illusionen des mentalen Geistes gehören, so kann uns das doch kein Trost sein.

Vielleicht kann es uns aber ermutigen, daß wir uns auch für diese gefürchteten inneren Erfahrungen öffnen können. Denn nur, wenn wir uns dem Grauen, der Angst, dem Entsetzen, der Verlassenheit und allem stellen, was sich in der Dunkelheit des Unterbewußtseins noch verborgen haben mag, muß das Grau des Halbbewußten dem Licht des Bewußtseins weichen und wir können diese Erlebnisse schließlich als Illusion durchschauen.

Über Verlassenheit

Verlassen –   Sommer 1988
das hat gesessen:
erst der Tritt in den Bauch,
dann der Stich in die Mitte des Herzens!
Unsichtbar, doch nicht weniger wirklich!
Mal überwältigender Schmerz,
mal stilles Weh.
Die einst so lebendige Beziehung
stirbt einen langsamen Tod,
sie verblutet am Wegesrand.
Neben ihr kauernd der eine,
hilflos zu helfen,
denn sie braucht die zwei:
Sie schreitet mutig weiter
ohne einen Blick zurück
auf das, was sie hinterlassen.

Ich lese den Text, den ich im Jahre 1988 geschrieben habe, nachdem mich die erste Frau, mit er ich verheiratet war, verlassen hatte – das ist jetzt 25 Jahre her. Ich spüre den Geist des Vorwurfs, der den Text durchzieht.

Fühle ich mich heute noch verlassen – von ihr – der Frau, die ich so liebte und begehrte?

Oder fühle ich mich vielleicht einfach so verlassen – ohne äußeren Grund, mutterseelenallein, gottverlassen?

Nein, von ihr fühle ich mich schon seit langem nicht mehr verlassen. Aber das Gefühl von Verlassenheit ist auch heute noch manchmal da, zuweilen ohne einen Auslöser, zuweilen ausgelöst von geringfügigen Anlässen. Zwar weiß ich dann, daß meine heutige Situation ganz anders ist und vor diesem Hintergrund das Gefühl unbegründet erscheint, doch fühle ich es so schmerzlich und unerträglich wie einst. Zumindest einen Augenblick lang. Dann komme ich an die Wegscheide:

Greife ich wieder zur Notlösung von damals, als ich nicht anders konnte: mein Herz zu verschließen vor dem Schmerz – in leisem Groll oder lauter Empörung über die gefühlte Verlassenheit – um mich als unschuldiges Opfer eines schuldigen Täters zu erfahren?

Oder öffne ich mein Herz – in Übereinstimmung mit allem, was ich inzwischen dazu gelernt habe – und gebe dem Schmerz Raum in mir, schenke ihm meinen Atem und lasse ihn geschehen. Oft fühle ich mich dann berührt, fühle die Liebe in meinem Herzen und erlebe, wie etwas in mir, das alt und verhärtet ist, an der Oberfläche schmilzt und sich ein flüssiger Film bildet über dem, was noch immer starr ist.

Jedesmal fühlt es sich an, wie wenn wieder Heilung geschehen ist – ein heilsamer Augenblick in einem langwierigen Heilungsprozeß, der immer wieder unterbrochen und hinausgezögert wird – von mir.

Mir kommt dazu Rumi in den Sinn:

> "Wende dich nicht ab. Schau weiter auf die verwundete Stelle. Dort wird das Licht in dich eindringen."
>
> Mevlana Dschelaleddin Rumi (1207 – 1273)

Wie schnell ich mich immer wieder abwende! Wie gering meine Geduld, mit offenem Herzen auf die verwundete Stelle zu schauen!

In vollkommener Klarheit erkenne ich, daß niemand mir den Schmerz der Verlassenheit zufügen kann – außer ich mir selbst.

Über Vergebung

Vor dem zugehörigen Hintergrund von Geben und

Nehmen ist es im Deutschen in der adjektivischen Form leichter erkennbar, was mit Vergebung gemeint ist: »Vergeblich« hat die Doppelbedeutung von „wirkungslos" bzw. „zwecklos" einerseits und von „etwas kann vergeben werden" andererseits. Beides deutet auf die ursprüngliche Bedeutung der Vergebung hin:

Die im menschlichen Geist gefällten Urteile – ebenso all ihre Folgen wie Verhalten, Vorwurf, Verurteilung und Schuldzuweisung – ändern nichts an der eigentlichen Wirklichkeit, an der Einheit allen Seins. Insofern sind sie „wirkungslos" bzw. „zwecklos" und können daher auch vergeben werden. Sie untergraben lediglich unsere Erkenntnisfähigkeit und verdunkeln die Wahrnehmung, das allerdings sehr weitgehend und zu unserem Leidwesen.

„Ich vergebe dir" heißt also im Grunde nur:
Was ich dir vorgeworfen habe, hat nichts verändert an dem, was du in Wahrheit bist, nämlich ein „Kind Gottes" und jetzt höre ich auf, dir irgendetwas vorzuwerfen.

Weihnachten:
Heilige Nächte – Rauhnächte

Das Wort „Weihnachten" ist eine Mehrzahlbildung

und bedeutet ursprünglich „geweihte Nächte". „Weihen" wiederum leitet sich von „Wehen" ab – es ist das Wehen des Windes gemeint. Wind oder bewegte Luft gelten seit jeher als ein Symbol für Geist – Geist in Tätigkeit. Die geweihten Nächte sind also Nächte, die „durchweht" oder erfüllt und bewegt sind von einem bestimmten Geist, der in christlicher Sprache als der heilige Geist bezeichnet wird. Heilig leitet sich von heil (ein anderes Wort für ganz) ab und meint somit einen Geist, der die Ganzheit kennt und erkennt und sich nicht durch die scheinbare Aufspaltung in Gegenpole (Gut und Böse) täuschen läßt.

In vorchristlicher Zeit wurden die Nächte zwischen der Wintersonnenwende am 21. Dezember und dem Dreikönigstag am 6. Januar auch als Rauhnächte bezeichnet. Rauh bedeutet dabei soviel wie haarig oder pelztragend und verweist auf wilde Tiere, die im Schutz der Nacht ihr Unwesen treiben und Leben und körperlich-seelische Unversehrtheit der Menschen bedrohen.

Der in früheren Zeiten übliche Mondkalender machte es erforderlich, am Jahresende elf bis zwölf zusätzliche Tage anzuhängen, um den Kalender wieder in Übereinstimmung mit dem Sonnenkalender zu bringen, und so waren diese Tage und Nächte außerhalb der Ordnung der Zeit. Das trug noch dazu bei, daß die Menschen die Bedrohung für größer und gefährlicher als zu irgend einer anderen Jahreszeit hielten.

Schutz suchten sie sowohl in der sicheren Behausung wie auch in Gebet und religiösem Ritual, und sie vermieden es, während der Nacht hinauszugehen.

Betrachtet man das bisher Gesagte unter dem Gesichtspunkt mythologischer und tiefenpsychologischer Symbolik, so wird seine Bedeutung auch für uns heute deutlich. Dunkelheit steht symbolisch für das Unbewußte und für die Ur-Angst des Menschen, Licht steht für Bewußtheit, Liebe und Ur-Vertrauen. Die Bedrohung – gefürchtet und in der Dunkelheit der Außenwelt vermutet – entpuppt sich als Projektion jener unkontrollierten zerstörerischen Kräfte, die der Mensch in sich selbst nicht wahrhaben will und die ihm nach ihrer unbewußten „Ausquartierung" in seiner Erfahrung der Außenwelt wie in einem Spiegel wieder begegnen.

Der Kalender als menschliches Maß der Zeit kann nach Mondzyklen berechnet werden (weibliches Maß) oder nach dem Sonnenzyklus (männliches Maß). Weiblicher und männlicher Zyklus schwingen in verschiedenen Rhythmen, die innerhalb eines Jahres nicht in Einklang zu bringen sind, so daß es zusätzlicher Tage bedarf, die gewissermaßen außerhalb des menschlichen Zeitrahmens stehen. Neben der kosmologischen Bedeutung weist das

auch darauf hin, wie empfänglich und aufnahme-
bereit gerade in dieser Zeit die Seele für jegliche
Einflüsse ist – im Guten wie im Schlimmen oder
Bösen.

Die im Dunkel des Unbewußten verborgenen
Kräfte widersetzen und entziehen sich jeglicher
Mäßigung. Weder gelingt eine Mäßigung durch
Umfassen – wie es dem weiblichen Prinzip entspricht – noch durch Teilen und Zerlegen (Ana-
lyse), wie es dem männlichen Prinzip entspricht.
Sind wir in der Projektion befangen ohne Bewußtheit für die Vorgänge in uns selbst, so ist es,
als ob wir hinaus gingen in die Dunkelheit der
Nacht, wo wir diesen zerstörerischen Kräften begegnen und nur allzu leicht ihr Opfer werden oder
uns selbst durch den Kontakt mit ihnen in Bestien
verwandeln.

Es geht also um Umkehr: unsere Aufmerksamkeit
und alle unsere Seelenkräfte (Denken, Fühlen,
Wollen und Tun) in ihrer Ausrichtung umzu-
kehren, d.h. nach innen hin auszurichten, so daß
wir unseres Innersten gewahr werden können und
dort Sicherheit und Schutz finden.

Menschliches Maß ist in jeder Hinsicht begrenzt
und unterscheidet sich vor allem dadurch von göttlichem Maß: göttlich ist, was keiner Begrenzung
unterliegt und dem Unendlichen zugehört. Sind
wir als Menschen mit Kräften oder Ereignissen

konfrontiert, die weit über unser Fassungsvermögen oder unsere eigene Kraft hinausgehen, so erfahren wir etwas von der Präsenz des Unendlichen und Göttlichen. Daher begegnet uns das Göttliche auch in den gefährlichen wilden Kräften, die uns bedrohen, die dunkle Seite Gottes, die uns zur Umkehr zwingt, zur Änderung unserer Lebensrichtung.

Weihnachten feiern wir inmitten dieser Dunkelheit. Betrachten wir die Geburt Christi und das Krippenbild als Mythos, als den zentralen christlichen Mythos, einmal aus der tiefenpsychologischen Perspektive. Erst dadurch bekommt sie nämlich für unser eigenes Leben Bedeutung. Christus steht für das Licht der allumfassenden Liebe und des grenzenlosen kosmischen Bewußtseins (Christusbewußtsein, kosmisches Bewußtsein oder Buddha-Natur), das als Same, als Potential, jedem Menschen innewohnt. Ein Potential, das allerdings unsichtbar – im Verborgenen – schlummert und erst noch geboren werden muß.

> Wird Christus tausendmal zu Bethlehem gebor'n
> und nicht in dir,
> du bleibst noch ewiglich verlorn.

> Das liebste Werk, das Gott so inniglich liegt an,
> ist, daß er seinen Sohn in dir gebären kann.

> Ist deine Seele still und dem Geschöpfe Nacht,

so wird Gott Mensch und alles wiederbracht.
Angelus Silesius: Der cherubinische Wandersmann

Jesus verkörpert in menschlicher Gestalt das Christusbewußtsein, dessen Geburt eigentlich am dunkelsten Tag des Jahres stattfindet, also zur Wintersonnenwende, zur dunkelsten Stunde, nämlich um Mitternacht an einem Ort der Dunkelheit, dem Stall: In alten Zeiten war es üblich, Höhlen als Ställe für die Unterbringung der Tiere zu nutzen. Wie oben schon gesagt, steht Dunkelheit symbolisch für Unbewußtheit und Angst; der dunkle Ort ist als Hinweis auf den menschlichen Leib zu verstehen, in den sich die unbewußten Anteile des Geistes zurückgezogen haben und der dadurch zu einem Hort des Unterbewußtseins geworden ist. An diesem dunklen Ort vollzieht sich die Geburt des Lichts.

Wenn wir das weihnachtliche Krippenbild anschauen, sehen wir das Christuskind in der Krippe liegen, also im Futtertrog der Tiere. Die anwesenden Tiere sind friedlich gesinnt und repräsentieren unbewußte, doch positive, duldsame Gemütskräfte. Die Hirten, die kurz nach der Geburt dazukommen, sind nicht nur gefühlsbetonte, sondern herzliche, also vom Herzen geleitete und bestimmte Menschen – Hüter der ihnen anvertrauten Tiere.

Die heiligen drei Könige repräsentieren Weisheit und die Fähigkeit, abstrakte Symbole zu verstehen. Sie sind Kundige, die Sternbilder kennen und als kosmische Signatur zur Orientierung nutzen können. Mit ihren Fähigkeiten gelingt es ihnen, die im Kosmos angekündigte Geburt des Christus überhaupt zu bemerken und den Weg bis nahe zum Geburtsort zu finden, nur für das letzte Wegstück sind sie auf die Hilfe der Herzensmenschen angewiesen.

Maria ist die lateinische Version des hebräischen Namens Mirjam und läßt in der lateinischen Form die Nähe und Verwandtschaft zu mare erkennen, dem Meer. Als die Mutter Jesu symbolisiert sie den weiblichen Aspekt der Seele, die Weite und Tiefe des Meeres, Gelassenheit als Fähigkeit, in sich zu ruhen, gepaart mit der Bereitschaft, alles geschehen zu lassen, Offenheit für alle Einflüsse, das ewige Kommen und Gehen der Wellen, der Bewegungen des Lebens in uns, das auf physischer Ebene seine Entsprechung im nicht-kontrollierten Atem findet. Daß Maria ihr Kind als Jungfrau zur Welt bringt, wird sofort klar, wenn wir es symbolisch verstehen: die Seele trägt den göttlichen Keim immer schon in sich, sie bedarf also keiner Befruchtung von außen, um Christus zu gebären.

Josef heißt im Hebräischen „Er (Gott) fügt hinzu" und repräsentiert als Vater Jesu den männlichen Aspekt der Seele, jenen denkenden Geist, der beständig neue Formen hinzufügt. Josef ist Zimmermann und wirkt als solcher beim Hausbau, insbesondere bei der Errichtung des Dachstuhls mit. Das Haus kann als Symbol für die weltliche Identität des Menschen verstanden werden, für die Persönlichkeit, die wir uns zurecht gezimmert haben. Josef läßt sich dabei demütig vom Innersten, d.h. von Gott, leiten.

Wenn wir bereit geworden sind, nichts mehr zu vermeiden und auch den dunkelsten Ort in uns selbst aufzusuchen, finden wir dorthin, wo die bedingungslose Liebe geboren wird. Nur innen, im Innersten, finden wir den göttlichen Keim als unseren Wesenskern. Jenseits von Gedanken können wir uns tief in die Stille versenken und ihr unser Wertvollstes schenken: ungeteilte Aufmerksamkeit.

Wer bin ich?

Ich weiß nicht, was ich bin;
ich bin nicht, was ich weiß;
Ein Ding und nicht ein Ding,
ein Stüpfchen und ein Kreis.

Johann Scheffler alias Angelus Silesius (1624 - 1677)

Wer bin ich eigentlich, wer bin ich in Wahrheit? Wenn ich dieser Frage nachgehe – in Liebe zur Wahrheit und in Entschlossenheit, die Antwort zu finden – führt sie mich zunächst zu dem, für den ich mich halte, also zu Glaubenssätzen und Überzeugungen, an denen ich auf geistiger Ebene festhalte. Als Folge meiner Identifizierung mit dem Selbstbild fühle ich mich angegriffen oder verletzt, wenn mein Selbstbild in Frage gestellt wird. Vertieftes Fühlen hilft, die oberflächliche Scheinidentität zu durchschauen und auch die Anstrengung zu spüren, die es mich kostet, sie aufrechtzuerhalten. So wächst die Sehnsucht danach, die Anstrengung aller Formen des Haltens endlich aufzugeben. Ist diese Sehnsucht stark genug geworden, führt sie mich an den Rand des bodenlosen Abgrunds.

Letzte Hingabe ist das Ja zu allem, was das Leben mir bringt, das Ja also auch zum Sterben, zum Tod des Körpers, zu allem, was von selbst geschieht.

Sobald ich alles – innerlich und äußerlich – in dieser vollkommenen Hingabe loslasse, stürze ich in den Abgrund: freier Fall ohne jeden Halt. In der Angst führt mich das Fallen in die Hölle, in die finstere Höhle der Verkrampfung in Geist, Gemüt und Körper. Im hingebungsvollen Fallen geschieht das Wunder der Auflösung von allem, was mich scheinbar von der Unendlichkeit des Seins getrennt hatte.

Ich erwache in Gott, in der wahren Natur des Geistes, in unbegrenztem Frieden, der Freiheit und Glückseligkeit absoluten Alleinseins, der Allgegenwart der Liebe.

Licht – Geschenk des Himmels

Wenn wir in den Nachthimmel blicken, offenbart sich etwas von unserer Beziehung zum Licht:

sehen wir doch nur *die* Lichtstrahlen weit entfernter Sterne, die uns direkt ins Auge fallen. Der Himmel dazwischen erscheint uns schwarz, weil als Folge seiner Leere kein Streulicht entsteht.

Während wir bei Tage alle möglichen Erscheinungen, die in einer gewissen Distanz an uns vorüberziehen, wie selbstverständlich beobachten können – vielleicht ein Vogel, den wir durch den blauen Himmel fliegen sehen und dessen Flug uns fasziniert – ist das bei Nacht nicht möglich. Das bei Tag vorhandene Licht läßt alle Objekte erst durch die Reflektion dieses Lichts sichtbar werden. Dabei entsteht Streulicht, von dem uns schließlich ein paar Strahlen ins Auge fallen.

All *jene* Lichtstrahlen, die im Weltraum an uns vorüberziehen, bleiben für uns unsichtbar, auch wenn sie vielleicht nur ein paar Zentimeter an unserem Auge vorbei gehen, solange sie nicht auf ein Objekt treffen, das Reflektion hervorruft. Ohne die Reflektion und das dabei entstehende Streulicht sehen wir nichts. Sichtbarkeit ist also eine Nebenwirkung der Reflektion.

Für unsere Beziehung zum Licht hat das eine erstaunliche symbolische Bedeutung.

Mit Martin Buber können wir zwei grundverschiedene Arten unterscheiden, mit der Welt in Beziehung zu treten: die Ich-Du-Beziehung (die zuweilen auch Subjekt-Subjekt-Beziehung genannt wird) und die Ich-Es-Beziehung (zuweilen auch Subjekt-Objekt-Beziehung genannt).

Offenbar können wir mit dem Licht nur in eine Ich-Du-Beziehung eintreten. Die Herstellung einer Ich-Es-Beziehung zum Licht scheitert daran, daß das Licht als Objekt unserer Wahrnehmung in der Dunkelheit verschwindet und sich somit unserem beobachtenden Zugriff vollständig entzieht. Und so verhält es sich auch in unserer Beziehung zum Göttlichen.

Lasse ich mich auf eine Ich-Du-Beziehung ein zum Göttlichen, eine ganz persönliche Beziehung? Diese Art von Beziehung ist niemals einseitig kontrollierbar, also stets riskant.

Oder wähle ich die vermeintlich sicherere Variante,

die Ich-Es-Beziehung, in der ich mir als Subjekt einbilde, das Objekt besser im Griff zu haben.

Im ersten Fall heißt das, jenes Wagnis einzugehen, von dem Martin Buber sagt: „Das Grundwort Ich-Du kann nur mit dem ganzen Wesen gesprochen werden." Damit ist nicht nur gemeint, daß sich Ich und Du gleichrangig gegenüber stehen, sondern daß die Liebe des offenen Herzens Grundlage für alles Weitere ist. In der englischen Formulierung wird es überdeutlich, was es heißt, wenn ich die Liebe als Grundlage einer Beziehung wähle: *to fall in Love.* Freud und Leid, Glückseligkeit und Verzweiflung, alle Erfahrungen können in einer auf Liebe beruhenden Beziehung zur Vertiefung beitragen. Früher oder später werde ich alles aufgeben, was mir Halt zu versprechen schien. Die Liebe führt mich dazu, die Haltlosigkeit des Fallens zu erfahren. Das ist wie Sterben.

Im zweiten Fall entziehen sich Gott oder das Göttliche meinem Zugriff vollständig. Auch hier bringt es Martin Buber auf den Punkt: „Das Grundwort Ich-Es kann nie mit dem ganzen Wesen gesprochen werden." Ich habe mich in die Falle der Egozentrik begeben: das Ich kreist mit all seinen Gedanken und Gefühlen nur um sich selbst. Zwar können Gott oder das Göttliche durchaus Gegenstand meines Denkens und Fühlens sein, doch bleibt der

Zugang zur persönlichen Erfahrung des Göttlichen verstellt. Daher muß auch alles Reden über Gott oder das Göttliche hohl wirken – das Fehlen der persönlichen Erfahrung ist spürbar.

Urgrund –
Ursprung und Urschwingung

Urgrund ist der Grund, aus dem alles hervorgeht und in den alles zurückkehrt, wenn es wieder zugrunde geht. Ursprung ist der Sprung aus dem Urgrund in die Existenz, aus der Formlosigkeit in die Form oder Gestalt, aus dem Sein in das Werden: hinein in das, was erscheint und auch wieder vergeht.

Alle Erscheinungen können als Schwingungsphänomene verstanden werden, die aus einer anfänglichen Urschwingung hervorgegangen sind. Im Anfang war das Wort (Johannes 1.1). Was Martin Luther mit »Wort« übersetzt hat, heißt im griechischen Urtext »Logos«. Die Bedeutung von Logos ist allgemeiner und umfassender und kommt der Bedeutung des Urlauts »Om« (»Aum«) nahe, wie er in der indischen Tradition verstanden wird:
Schwingung als Träger von Bedeutung.
Es ist erst die Identifizierung (lat. idem facere = zu

demselben machen) des Geistes mit den Geistesinhalten, mit dem, was im Geist Gestalt annimmt, die den Geist aus dem Urgrund in die polare Welt der Phänomene, aus der göttlichen Einheit in die Dualität der Welt stürzen läßt. Luzifers Sturz aus dem Himmel ist das im Abendland bekannte mythologische Bild dafür.

Erst im erneuten Fallen, in Luzifers zweitem Sturz, wird der tragende Urgrund wieder erfahrbar. Indem ich auf allen Ebenen jedes Festhalten an dem, was Form angenommen hat, aufgebe und mich im vollständigen Loslassen gänzlich auf die Erfahrung der Haltlosigkeit einlasse, kommt es zum erneuten Fallen. Dem in der Dualität gefangenen Geist erscheint es als das befürchtete schreckliche Ende, als Sturz ins Nichts, als vollständige Vernichtung. Doch niemals hat er es in vertrauensvoller Hingabe erfahren, sondern immer nur sich angstvoll vorgestellt.

Die Erfahrung *jener* Menschen, die in letzter Hingabe den zweiten Fall gewagt haben, war schon immer eine andere: auf wunderliche Weise mündet das Fallen ein in die Erfahrung des Getragenseins von diesem scheinbar leeren, unfaßlichen Urgrund. Erfahrung lehrt uns, daß alles gut ist, daß alles in diesem Urgrund, in Gott, aufgehoben ist.

Weitere Bücher:

Ekkehard Ortmann: Der tiefste Grund ist Grund zur Freude. Körper und Bioenergie: Sprache der Seele, Mittel zur Selbstergründung, Wegweiser für Entwicklung. 22848 Norderstedt: BoD-Verlag 2013 (ISBN 978-3-8482-5721-8)

Ekkehard Ortmann: Was in der Seele nachklingt ... Aphorismen, Mythen und Legenden, Lehrgeschichten und Vorträge. 22848 Norderstedt: BoD-Verlag 2012 (ISBN 978-3-8482-2315-2)

Ekkehard Ortmann, Jg. 1949, Studium in Erziehungswissenschaft und Mathematik; 8 Jahre im Schuldienst als Studienrat (Ausbildung von ErzieherInnen); seit 1985 als körperorientierter und tiefenpsychologisch fundierter Therapeut, Berater und Seminarleiter in eigener Praxis tätig.

"Ich begleite Menschen, denen der Umgang mit anderen Menschen im Sinne von Führen, Helfen oder Dienen zum Beruf geworden ist, die wachsen und sich weiterentwickeln wollen, die Schwierigkeiten oder Mißerfolg in Beruf, Partnerschaft und wichtigen persönlichen Beziehungen nicht nur passiv hinnehmen, sondern als Herausforderung zu Veränderung und Entwicklung begreifen, die sich in einer Krise oder an einem Wendepunkt befinden und die in körperlichen Beschwerden den seelischen Hintergrund erahnen. Dabei lasse ich mich vom Fluß der Lebensenergie leiten."

Weitere Informationen unter:
www.der-innere-weg.de
http://fuehrungskompetenz.der-innere-weg.de
www.raum-fuer-wandel.de

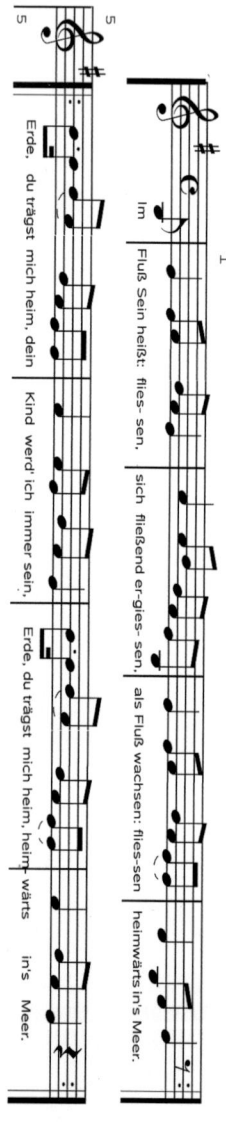

Im Fluß Sein heißt: flies- sen, sich fließend er-gies- sen, als Fluß wachsen: flies-sen heimwärts in's Meer.

Erde, du trägst mich heim, dein Kind werd' ich immer sein, Erde, du trägst mich heim, heim-wärts in's Meer.